Olga Laitenberger

Glutenfreie Lieblingsgerichte

Genuss ohne Verzicht

Hölker Verlag

Inhaltsverzeichnis

Desserts

Snacks

Vorwort

Genuss ohne Weizen und andere glutenhaltige Getreidesorten – geht das? Die Antwort ist eindeutig: ja! Waffeln, Brot, Pasta, Burger, Muffins und Kuchen können problemlos glutenfrei zubereitet werden. Die passenden Rezepte habe ich in diesem Buch für dich gesammelt.

Es gibt verschiedene Gründe, sich glutenfrei zu ernähren. Einige Menschen haben eine nachgewiesene Glutenunverträglichkeit, bei der schon geringe Mengen an Gluten starke Beschwerden auslösen, eine Zöliakie. Sie müssen deshalb ganz auf Weizen und andere glutenhaltige Getreidesorten verzichten. Andere vermuten bei sich oder bei Familienmitgliedern eine Überempfindlichkeit oder Sensitivität gegenüber Gluten und essen deshalb lieber glutenfrei oder -arm. Und wieder andere möchten einfach etwas Neues ausprobieren und den Alltag abwechslungsreich und ausgewogen gestalten.

Ich koche, backe und entwickle glutenfreie Rezepte seit 2017. Als Anhängerin von gesunder Ernährung weiß ich, dass viele glutenfreie Lebensmittel wertvolle Nährstoffe bieten und unser Immunsystem stärken. Am Anfang wollte ich einfach mehr Abwechslung zu Nudeln und Brot schaffen und war deshalb auf der Suche nach Alternativen für raffiniertes Weizenmehl. Ich experimentierte mit verschiedenen Getreide- und Pseudogetreidesorten wie Quinoa und Goldhirse und buk meine ersten Muffins und Plätzchen mit Buchweizen- und Reismehl. Gleichzeitig bekam ich als Food-Fotografin und Rezeptentwicklerin immer mehr Aufträge zum Fotografieren und zur Entwicklung glutenfreier Rezepte. Inzwischen bin ich fast ausschließlich auf glutenfreie Küche spezialisiert und weiß, dass Lasagne, Kuchen und Co. auch ohne Weizen köstlich schmecken.

Mit diesem Buch möchte ich dich inspirieren und dir den Einstieg in die Welt der gesunden und glutenfreien Küche erleichtern.

Olga Laitenberger

Tipps für Einsteiger

Tipps
für Einsteiger

Was ist Gluten und worin ist es enthalten?

Gluten ist ein Sammelbegriff für eine Gruppe von Proteinen, die in vielen Getreidesorten enthalten ist: in Weizen, Dinkel, Roggen, Emmer, Einkorn, Triticale, Kamut, Grünkern und Gerste. Es wird auch als Klebereiweiß bezeichnet, weil es die Eigenschaft hat, Wasser zu binden und Teige zu stabilisieren. In beliebten Teigwaren wie Brot, Kuchen, Pizza oder Nudeln ist daher meistens Gluten enthalten, aber auch in Müslis, Süßigkeiten und vielen weiteren verarbeiteten Lebensmitteln.

Verstecktes Gluten

Gluten wird bei der industriellen Lebensmittelproduktion gern als Bindemittel verwendet. Man findet es sogar in vielen Fertigprodukten, die eigentlich glutenfrei sind, z. B. in Soßen, Suppen, Pommes frites, Wurst oder sogar Gewürzen. Deshalb lohnt sich beim Kauf ein Blick auf die Zutatenliste. Wenn du eine Glutenunverträglichkeit hast oder empfindlich darauf reagierst, solltest du auch auf Begriffe wie „Weizeneiweiß", „Weizenstärke", „Gerstenmalz" und „Gerstenmalzextrakt" achten und Lebensmittel mit solchen Zutaten meiden.

Ist Hafer glutenfrei?

Hafer ist von Natur aus glutenfrei. Bei Anbau, Verarbeitung, Verpackung und Transport können jedoch Kontaminationen mit glutenhaltigen Getreiden entstehen. Daher kann auch Hafer kontaminiert sein und man findet oft in der Verpackung andere Körner der vorigen Ernte.

Bei den Herstellern, die sich auf glutenfreie Produktion spezialisieren, werden Anbau sowie Verarbeitung streng kontrolliert. Diese Produkte sind mit speziellen Bezeichnungen markiert wie der durchgestrichenen Ähre oder dem Begriff „glutenfrei". Wenn du keine Glutenunverträglichkeit (Zöliakie) hast, kannst du Haferprodukte aber problemlos verzehren, auch wenn sie nicht als glutenfrei gekennzeichnet sind. Die Glutenmengen sind darin so gering, dass sie bei einer Glutensensitivität vertragen werden.

Gesunde glutenfreie Ernährung

Glutenfreie Getreidesorten, Hülsenfrüchte, Nüsse und Samen sind nahrhaft, enthalten viele Vitamine, Mineral- und Ballaststoffe und bieten daher eine zuverlässige Basis für die gesunde und ausgewogene Ernährungsweise. Verzehre sie abwechselnd mit reichlich Gemüse und Obst.

Achte beim Einkauf von fertigen und halbfertigen Lebensmitteln auf die Zutatenliste. Fertige Mehlmischungen und glutenfreie Teigwaren wie Brot sowie Süßigkeiten enthalten oft zu wenige Ballaststoffe, aber zu viel Zucker, Fette, Stärke und Konservierungsmittel. Greife lieber zu Produkten mit einem höheren Anteil an vollwertigen Zutaten. So vermeidest du Heißhungerattacken und profitierst von vielen wichtigen Nährstoffen, Vitaminen und Mineralstoffen.

Oder noch besser: Mach deine glutenfreien Backwaren und Süßigkeiten doch einfach selbst und bereite deine eigenen Mischungen für Müsli und Porridge zu. Als Basis für Müsli und Porridge nehme ich Hafer-, Buchweizen- oder Hirseflocken und verfeinere sie mit gepuffter Quinoa, Erdmandeln, Kakaonibs, Nüssen oder Samen. Das Gleiche gilt auch für Snacks wie Energy Balls: Nimm verschiedene Sorten Flocken, Nüsse und Trockenfrüchte, um das Grundrezept abzuwandeln. Für herzhafte Gerichte empfehle ich, Quinoa, Reis, Buchweizen oder Hirse auf Vorrat zu kochen und sie im Laufe der Woche für Suppen, Gemüsepfannen und Bowls zu verwenden. Probiere außerdem Produkte aus, die „Reis" aus Linsen oder Kichererbsen imitieren. Entdecke eine Vielzahl von Nudelsorten. Viele Hersteller verarbeiten oft noch Gemüse und Gewürze wie Rote Bete, Spinat, Süßkartoffeln und Kurkuma mit. Sie verleihen Pasta nicht nur eine intensive Farbe, sondern reichern sie auch noch mit mehr gesunden Nährstoffen, Vitaminen und Mineralstoffen an.

Gepuffte Quinoa sowie gepuffter Amaranth und Mais eignen sich perfekt für Müsli oder Desserts. Knäckebrote und Knusperecken aus gepufftem Getreide bieten eine gute Basis für schnelle Snacks oder Frühstück.

Du siehst also, dass die glutenfreie Küche mit den richtigen Zutaten jede Menge Abwechslung bietet und bestimmt keine Wünsche offenlässt. Für nahezu jedes Rezept, das klassisch mit Weizen und Co. zubereitet wird, gibt es glutenfreie Varianten, die richtig lecker schmecken und gesund sind!

Übrigens: Meine Rezepte sind grundsätzlich frei von raffiniertem Zucker und enthalten Alternativen mit einem besseren Nährstoffgehalt wie Kokosblütenzucker, Rohrohrzucker, dunklen Ahornsirup, Dattelsirup, Honig oder getrocknete Früchte. Kuhmilch ersetze ich meistens durch Pflanzendrinks wie Kokosmilch, Mandel-, Cashew- oder Haselnussdrink. Sie verleihen den Gerichten den nussigen Geschmack und liefern wertvolle Nährstoffe.

Die glutenfreie Speisekammer

Die glutenfreie Speisekammer

Reis

Verwende je nach Rezept und deiner Vorliebe verschiedene Reissorten, ob Langkorn-, Mittelkorn- oder Rundkornreis. Zubereitungszeit, Gehalt an Nährstoffen, Vitaminen und Mineralstoffen sowie der Geschmack hängen von der Art seiner Verarbeitung ab.

Naturreis, auch als Vollkornreis oder brauner Reis bekannt, enthält noch die meisten Nährstoffe. Er ist nicht vorbehandelt (also weder gewaschen noch poliert) und behält dadurch die nährstoff- und ballaststoffreiche äußere Schicht des Korns. Daher hat Naturreis dem polierten weißen Reis gegenüber Vorteile. Er hat mit gut 40 Minuten eine längere Kochzeit als andere Sorten, ist dafür sättigender und hat einen kräftigeren Geschmack.

Parboiled-Reis zeichnet sich durch eine teilweise Vorgarung aus. Dafür wird Rohreis in Wasser eingeweicht und mit Heißdampf behandelt, anschließend getrocknet, geschält und poliert. Auf diese Weise wird ein Teil der Ballaststoffe, Vitamine und Mineralstoffe in das Innere des Korns gepresst. Der Gehalt an diesen Stoffen ist niedriger als bei Naturreis, aber höher als bei weißem Reis.

Weißer Reis wird bei der Verarbeitung geschält und geschliffen. Beim Schleifen gehen die meisten Vitamine, Mineral- und Ballaststoffe verloren, dafür wird der Geschmack feiner und zarter. Weißer Reis hat die kürzeste Zubereitungszeit und eignet sich perfekt für schnelle Gerichte.

Wildreis zählt streng genommen nicht zu den Reissorten, da es sich um den Samen einer Süßgrasart handelt. Er enthält viel pflanzliches Eiweiß, Vitamine und Mineralstoffe und hat einen intensiven Geschmack.
Tipp: Kombiniere Wildreis mit anderen Reissorten, z. B. Basmatireis, so wird deine Beilage ballaststoffreicher und nahrhafter.

Roter Reis gilt als eine Delikatesse, er stammt beispielsweise aus der französischen Camargue oder dem italienischen Piemont. Diese rote Reissorte wächst auf mineralienreichen Tonböden. Da der Reis ungeschält bleibt, punktet er mit dem besonders hohen Gehalt an Ballast- und Nährstoffen. Nach dem Kochen bleibt er locker und fest.
Tipp: Dieser Vollkornreis eignet sich hervorragend für Bowls, Gemüsepfannen und gefüllte Paprika.

Hirse

Goldhirse ist eine Unterart der Hirse, die einen besonders hohen Anteil an Beta-Carotin besitzt, wodurch sie ihre goldene Farbe behält. Hirsekörner werden bei der Verarbeitung geschält. Dadurch ist der Ballaststoffgehalt etwas geringer als beispielsweise bei Naturreis. Da sich die Nährstoffe aber im ganzen Korn verteilen, enthält Hirse viele Vitamine, Mineralien und schützende Antioxidantien.
Tipp: Verwende Hirse statt Couscous in Bowls oder bei der Zubereitung von Patties. Probiere sie außerdem in Suppen und Eintöpfen.

Braunhirse ist ein wertvolles Vollkornprodukt. Da sie sich schlecht schälen lässt, wird sie in Form von ungeschälten Körnern, als Schrot oder Mehl verkauft. Weil diese Körner in großen Mengen schwer zu verdauen sind, empfehle ich, diese nur als eine ergänzende Zutat zu verwenden, z. B. in Suppen oder Beilagen.
Tipp: Spüle Hirse vor der Zubereitung gründlich unter fließendem heißem Wasser in einem Sieb. Dadurch entfernst du Gerbstoffe, die einen ranzigen Geschmack bewirken.

Hafer

Hafer ist ein wahres Multitalent. Flocken eignen sich für Brei, Müsli und süße Aufläufe, Hafergrütze schmeckt gut in Eintöpfen, Bratlingen und als Beilage und Hafermehl verwende ich gerne zum Backen. Wähle je nach Rezept und deinen Vorlieben zwischen kernigen, zarten und löslichen Haferflocken. Großblattflocken werden aus ganzen Körnern gewalzt, während Kleinblattflocken aus schon zerkleinerter Grütze und Schmelzflocken aus Hafervollkornmehl bestehen. Kernige Haferflocken sind besonders bissfest, Schmelzflocken quellen schneller auf. Haferkleie ist sehr ballaststoffreich – streue ein paar Löffel über das Müsli, verrühre sie mit Joghurt oder verarbeite sie in Smoothies.
Tipp: Wenn du kein Hafermehl dahast, kannst du Haferflocken in der Kaffeemühle zu feinem Mehl mahlen.

Buchweizen

Buchweizen zählt zu den Pseudogetreiden und überzeugt durch seine große Menge an Mikronährstoffen, z. B. Eisen. Er enthält viel pflanzliches Protein und alle essenziellen Aminosäuren in einem gut verwertbaren Verhältnis. Deshalb wird Buchweizen in der vegetarischen Küche als eine gute Proteinquelle geschätzt. Er ist in Form von Körnern, Grütze, Flocken und Mehl erhältlich und hat einen charakteristisch nussigen Geschmack.
Tipp: Probiere Buchweizenkörner als Alternative zu Reis in Gemüsepfannen. Nimm Couscous aus Buchweizengrütze für Salate und Bowls.

Quinoa/Amaranth

Quinoa und Amaranth gehören ebenfalls zu den Pseudogetreiden und gelten als glutenfreie Superfoods. Mit rund 15 Gramm Eiweiß und allen essenziellen Aminosäuren gehören sie zu den proteinreichsten pflanzlichen Quellen. Es gibt drei Sorten von Quinoa: weiße, rote und schwarze. Weiße Quinoa ist mild und eignet sich für herzhafte und süße Gerichte. Rote und schwarze Quinoa hat eine längere Garzeit und ist etwas härter, schmeckt dafür aber gut in Salaten. Amaranth passt als Beilage und lässt sich zu leckeren Bratlingen verarbeiten. Gepuffte Quinoa und gepufften Amaranth nehme ich gerne bei der Zubereitung von Snacks oder für Müsli.

Tipp: Spüle Quinoa und Amaranth in einem Sieb mit heißem Wasser gründlich vor dem Kochen, um die Bitterstoffe zu entfernen.

Mais

Mais punktet mit den Vitaminen A, B, C und E, ist reich an Mineralien, liefert reichlich Ballaststoffe und kann in der glutenfreien Küche vielseitig verwendet werden. Maisgries nehme ich für cremige Polenta oder verwende ihn als Paniermehl. Mais-Couscous schmeckt gut in Salaten oder mit gedünstetem Gemüse. Maismehl dient als ein gutes Bindemittel bei der Zubereitung von Soßen.

Tipp: Verwende 1–2 EL Maismehl als ergänzende Zutat beim Backen, das lockert den Teig etwas.

Hülsenfrüchte

Alle Hülsenfrüchte sind von Natur aus glutenfrei: Linsen (rote, gelbe, schwarze, Berglinsen etc.), Kichererbsen, Erbsen, Edamame, Brechbohnen und Lupinen. Sie besitzen viel pflanzliches Eiweiß, sind nahrhaft und sättigend. Pasta und Reis aus Hülsenfrüchten statt Weizenmehl sind perfekt für abwechslungsreiche Gerichte.

Keimlinge

Keimlinge aus Buchweizen oder Hülsenfrüchten sind äußerst gesund und verfeinern jeden Salat und jedes belegte Brot. Der Vitamingehalt erhöht sich im Keimstadium auf das Fünffache. Die Keime kannst du ganz einfach selbst ziehen: Weiche ein paar Esslöffel Körner in einem Keimglas über Nacht ein, schütte am nächsten Tag das Wasser ab und spüle die Keimlinge zweimal am Tag mit frischem Wasser. Verzehrfertig sind sie am dritten oder vierten Tag, wenn erste Wurzeln zu sehen sind. Aufbewahren solltest du sie in einem verschlossenen Glas im Kühlschrank.

Nüsse und Samen

Alle Nüsse und Samen sind glutenfrei: Mandeln, Walnüsse, Cashewkerne, Haselnüsse, Paranüsse, Kokosnüsse, Pistazien, Macadamianüsse, Kastanien, Erdnüsse,
Sonnenblumenkerne, Kürbiskerne, Sesam, Mohn, Chia-Samen, Hanfsamen und
Leinsamen. Sie alle sind protein-, nährstoff- und ballaststoffreich und enthalten
gesunde ungesättigte Fettsäuren.

Tipp: Röste Nüsse und Samen für Toppings, Müslis oder Snacks in der Pfanne ohne
Fett oder im Backofen.

Glutenfrei backen

Mehl

Weizenmehl und andere glutenhaltige Mehle kann man beim Backen nicht einfach
durch die gleiche Menge glutenfreier Mehlsorten ersetzen, denn diese enthalten
kein Klebereiweiß, das den Teig elastisch macht und für Zusammenhalt und eine
gute Konsistenz sorgt. Deshalb würde der Teig reißen oder zerbröseln und das
Backwerk brüchig oder trocken. Ich empfehle (bis auf wenige Ausnahmen), verschiedene Mehlsorten in einem Rezept zu mischen. Aus meiner Erfahrung erzielen
solche Mehlmischungen die besten Ergebnisse.

Folgende Mehle eignen sich gut zum glutenfreien Backen: Buchweizenmehl,
Reismehl (aus vollem Korn und ausgemahlen), Hafermehl, Braun- und (Gold-)
Hirsemehl, Teffmehl, Kichererbsenmehl, Kokosmehl, Maismehl, Kastanienmehl,
Quinoamehl, Amaranthmehl, Bananenmehl sowie Kakao. Ich verwende außerdem
gemahlene oder gehackte Nüsse, Kokosraspel und Mohn. Backpulver, Mais- und
Kartoffelstärke sind von Natur aus glutenfrei.

Beim Backen verwende ich meistens Buchweizen- und Reismehl sowie gemahlene
Nüsse, die ich mit anderen Mehlsorten kombiniere. Kokosmehl saugt viel Flüssigkeit auf, verwende es deshalb in Maßen, bis zu einem Fünftel der Mehlmenge in
einem Teig. Kichererbsenmehl hat gute Bindeeigenschaften und eignet sich deshalb
besonders gut für Pfannkuchen und Galettes, auch ohne die Zugabe von Eiern.

Bindemittel

Bindemittel helfen, die fehlenden Eigenschaften des Glutens in Sachen Teigelastizi-
tät und Bindung auszugleichen. Dazu zählen Eier, Flohsamenschalen, Chia-Samen,
Leinsamen, Tapiokastärke, Johannisbrotkernmehl, Guarkernmehl und Xanthan.

Tipp: Verrühre 2 EL Chia-Samen oder gemahlene Leinsamen mit 1 EL Wasser. Nach
kurzer Zeit verwandelt sich die Masse in ein Gel und du kannst damit in manchen
Rezepten ein Ei ersetzen. Ich verwende gerne gemahlene Flohsamenschalen für
Brot oder Brötchen. Sie verleihen dem Teig eine elastische Textur und halten das
Gebäck frisch.

Frühstück

Brötchen
mit Chia-Konfitüre

Den Backofen auf 170 °C Ober-/Unterhitze vorheizen. Ein Backblech mit Backpapier auslegen.

Alle trockenen Zutaten für die Brötchen in einer Schüssel vermischen. Dann den Apfelessig und das Öl mit 650 ml Wasser zu den trockenen Zutaten geben und alles gut vermischen. Der Teig soll etwas klebrig sein, sich aber gut formen lassen.

Den Teig in 12 gleich große Teile teilen und mit feuchten Händen zu Brötchen formen. Die Brötchen mit Sesam bestreuen und 1 Std. im vorgeheizten Ofen goldbraun backen.

In der Zwischenzeit für die Chia-Konfitüre Beeren und Chia-Samen zusammen in einen Topf geben und erhitzen, bis die Masse zu köcheln beginnt. Die Beeren unter gelegentlichem Umrühren bei geringer Hitze ca. 5 Min. köcheln, bis sie musig sind und die Flüssigkeit eindickt. Konfitüre mit Ahornsirup oder Honig süßen, in ein Glas füllen und abkühlen lassen.

Serviervorschlag: Die Brötchen mit Frischkäse und Konfitüre bestreichen und mit frischen Beeren belegt reichen.

Für 12 Stück

Für die Brötchen
140 g Buchweizenmehl
120 g Reismehl
120 g Hafermehl
2 EL gemahlene Leinsamen
2 EL Flohsamenschalen
1 TL Natron
1 TL Salz
2 EL Apfelessig
80 ml natives Olivenöl
Sesamsamen zum Bestreuen

Für die Chia-Konfitüre
300 g gemischte Beeren (TK)
3 EL Chia-Samen
Ahornsirup oder Honig nach Geschmack

Omelett mit Gorgonzola, Spinat, Dukkah und Oliven

Die Butter in einer Pfanne zerlassen. Die Eier mit Milch oder Pflanzendrink, Salz und Pfeffer verquirlen und in die heiße Pfanne gießen.

Die Eiermasse 2 Min. bei geringer Hitze backen, dann den Gorgonzola in Stücke schneiden oder zerkrümeln und darauf verteilen. Das Omelett weitere 2 Min. backen.

Die Erbsen in einer Schüssel mit kochendem Wasser übergießen und 5 Min. stehen lassen, dann das Wasser abgießen. Den Spinat putzen und bei Bedarf etwas kleiner zupfen.

Spinat, Erbsen, Oliven und Dukkah auf dem Omelett verteilen.

Für 1 Portion

1 TL Butter
2 Eier
30 ml Milch oder Pflanzendrink
Salz
frisch gemahlener schwarzer
Pfeffer
40 g Gorgonzola
50 g junge Erbsen (TK)
1 Handvoll Spinat
1 Handvoll grüne Oliven
½ TL Dukkah (arabische
Gewürzmischung;
siehe S. 134)

Cremiger Quinoa-Bananen-Porridge mit Kirschsoße

Für den Porridge Quinoaflocken, Pflanzendrink und Gewürze in einen Topf geben, aufkochen und bei geringer Hitze einige Min. köcheln lassen, bis der Porridge eindickt. Dabei gelegentlich umrühren. Die Banane schälen, in Stückchen schneiden, dazugeben und alles pürieren.

Die Sauerkirschen für die Soße in einen weiteren Topf geben. Die Stärke in 2 EL Saft oder Wasser verrühren und zu den Kirschen geben. Die Kirschen bei mittlerer Hitze kochen, bis die Masse eindickt. Nach Geschmack mit Kokosblütenzucker, Ahorn- oder Dattelsirup süßen.

Den Porridge und die warme Kirschsoße abwechselnd in 2 Gläser schichten und servieren.

Für 2 Portionen

Für den Porridge

1 Tasse (200 ml Fassungs-vermögen) Quinoaflocken
2–3 Tassen (200 ml Fassungs-vermögen) Pflanzendrink
1 TL gemahlener Zimt
½ TL gemahlener Kardamom
1 reife Banane
Ahornsirup oder Honig nach Geschmack

Für die Soße

150 g Sauerkirschen (TK)
1 TL Maisstärke
evtl. etwas Saft von den Sauerkirschen
Kokosblütenzucker, Ahorn- oder Dattelsirup nach Geschmack

Tipp: Statt Quinoaflocken kannst du auch Hirse- oder Haferflocken verwenden. Und statt des Pflanzendrinks kannst du Kokosmilch verwenden, die du 1:1 oder 1:2 mit Wasser verdünnst.

Powerbrot
mit Nüssen und Samen

Mandeln und Walnüsse grob hacken und mit den restlichen trockenen Zutaten in eine Schüssel geben. Alles miteinander verrühren. Olivenöl, Apfelessig und 450 ml Wasser dazugeben und alles zu einem homogenen Teig verrühren.

Die Kastenform fetten, die Masse hineingeben, glatt streichen und 2 Std. oder über Nacht ruhen lassen.

Den Backofen auf 180 °C Ober-/Unterhitze vorheizen. Das Brot in den Ofen schieben und 1 Std. backen. Vor dem Aufschneiden komplett abkühlen lassen.

Serviervorschlag: Das Brot mit Frischkäse bestreichen und mit Räucherlachs, geviertelten Eiern sowie Salatblättern oder Microgreens belegen.

Für eine Kastenform (20 x 10 cm)

50 g Mandeln
50 g Walnusskerne
150 g Sonnenblumenkerne
120 g zarte Haferflocken
90 g Leinsamen
50 g gepuffte Quinoa
30 g Chia-Samen
30 g Flohsamenschalenpulver
1 TL Natron
1,5–2 TL Salz
1 TL Kümmel
5 EL Olivenöl plus etwas für die Form
1 EL Apfelessig

Tipp: Dieses Brot hat mit ganzen Leinsamen und grob gehackten Nüssen eine grobe, körnige Struktur. Wenn du ein Brot mit feinerer Krume möchtest, kannst du geschrotete oder grob gemahlene Leinsamen und feiner gehackte Nüsse verwenden. Du benötigst dann ca. 100 ml mehr Wasser.

Bananen-Mandel-Pancakes

Die Bananen schälen, grob zerkleinern und zusammen mit den Eiern im Mixer so lange mixen, bis die Masse cremig ist und sich das Volumen verdoppelt hat.

Buchweizenmehl, gemahlene Mandeln oder Mandelmehl, Backpulver und Salz unterheben.

Eine beschichtete Pfanne vorheizen, mit etwas Öl bepinseln und für jeden Pancake eine kleine Kelle Teig hineingeben. Die Pancakes von beiden Seiten gleichmäßig backen, bis sie goldbraun sind.

Serviervorschlag: Beeren oder anderes Obst, Honig und gehackte Nüsse dazu reichen. Oder nimm Toppings wie Kokoschips, Hanfsamen oder Kakaonibs.

Für 12–15 Stück

2 reife Bananen
3 Eier (Größe L)
90 g Buchweizenmehl
20 g gemahlene Mandeln oder Mandelmehl
1 TL Backpulver
1 Prise Salz
Öl für die Pfanne

Tipp: Buchweizenmehl kannst du durch die gleiche Menge Reismehl oder Kastanienmehl ersetzen.

Cremiger grüner Smoothie mit Avocado

Den Spinat putzen. Das Avocadofruchtfleisch aus der Schale lösen und die Bananen schälen und in grobe Stücke brechen. Die Kiwi schälen.

Alle Zutaten mit dem Mandeldrink in einen Mixer geben und cremig mixen. Fertig!

Für 1 Portion

50 g Babyspinat
½ Avocado
2 kleine reife Bananen
(ca. 140 g)
1 Kiwi
150 ml Mandeldrink

Tipps: Du kannst das Verhältnis von Obst und Grünzeug und dadurch die Süße des Smoothies nach Belieben variieren. So kannst du zum Beispiel einen Teil der Banane durch Avocado ersetzen, dann ist es weniger süß. Avocado und Bananen sorgen für eine cremige Textur des Smoothies. Statt Spinat kannst du Feldsalat nehmen und die Kiwi durch einen Apfel ersetzen. Probiere auch einmal, noch 50 g tiefgefrorenen Blumenkohl dazuzugeben. Evtl. brauchst du dann etwas mehr Mandeldrink. Der Blumenkohlgeschmack lässt sich im Smoothie kaum wahrnehmen, dafür liefert er aber noch eine Extraportion Vitamine.

Reis-Porridge
mit Erdbeerkompott

Reis und Kokosmilch mit 3 Tassen Wasser in einen Topf geben. Aufkochen lassen, den Ahornsirup unterrühren und bei geringer Hitze unter gelegentlichem Rühren 30–35 Min. köcheln lassen.

In der Zwischenzeit für das Kompott die Orange auspressen und den Saft in einer Pfanne mit dem Ahornsirup vermischen. Erdbeeren putzen, in Scheiben schneiden, in die Pfanne mit dem Orangensaft geben und alles aufkochen lassen. Die Masse ca. 5 Min. köcheln lassen, bis sie dickflüssiger wird.

Den Reis-Porridge mit Erdbeerkompott, Hanfsamen und gehackten Pistazien servieren.

Für 2 Portionen

Für den Porridge
1 Tasse (200 ml Fassungsvermögen) Milchreis
1 Tasse (200 ml Fassungsvermögen) Kokosmilch
4 EL Ahornsirup

Für das Kompott
1 Orange
5 EL Ahornsirup
300 g Erdbeeren

Außerdem
2 EL Hanfsamen
2 EL gehackte Pistazien

Tipps: Statt Ahornsirup kannst du auch Honig verwenden. Um die Zubereitungszeit zu verkürzen und auch die Aufnahme von Nährstoffen zu erhöhen, kannst du den Milchreis über Nacht einweichen – dadurch werden Substanzen abgebaut, die die Nährstoffaufnahme hemmen. Anschließend das Wasser abgießen und mit der angegebenen Menge Wasser und Kokosmilch wie beschrieben kochen.

Galette Bretonne
mit Spiegelei und Erbsen

Buchweizenmehl, Ei und Salz mit 300 ml Wasser in eine Schüssel geben und mit dem Schneebesen des elektrischen Handrührgeräts auf hoher Stufe ein paar Min. glatt rühren (oder den Mixer verwenden). Durch das lange Rühren wird der Teig lockerer und die Galettes knuspriger. Den Teig 30 Min. oder über Nacht in den Kühlschrank stellen.

Den Teig anschließend noch einmal glatt rühren. Eine Pfanne erhitzen und mit Öl auspinseln. Eine Kelle Teig in die Pfanne geben und durch Schwenken dünn verteilen. Wenn der Teig zu dickflüssig ist, etwa 30 ml Wasser zugeben und unterrühren.

Pfannkuchen nach und nach backen, stapeln und warm halten.

Serviervorschlag: 2 EL TK Erbsen für 2–3 Min. in heißes Wasser geben und abgießen. Anschließend auf die heißen ausgebackenen Pfannkuchen die Erbsen, je 1 EL geriebenen Käse, 1 Spiegelei, Radieschenscheiben und etwas Baby-Spinat geben, die Seiten einklappen, festdrücken und servieren.

Für 5 Galettes

150 g Buchweizenmehl
1 Ei (Größe L)
Salz
Öl zum Backen

Tipp: Durch das lange Kühlen wird der Teig etwas fermentiert. Dadurch können die Nährstoffe besser aufgenommen werden. Da er kein Gluten enthält, ist das zudem eine gute Methode zu verhindern, dass er reißt.

Overnight Oats mit Mango und Cashewmus

Haferflocken, Chia-Samen und Leinsamen in einem Schraubdeckelglas vermischen. Pflanzendrink und Ahornsirup dazugeben und gut verrühren. Das Glas mit dem Deckel verschließen und im Kühlschrank über Nacht stehen lassen.

Am nächsten Tag die Mango schälen, das Fruchtfleisch von der Mango schneiden, in kleine Stücke schneiden und pürieren. Oder TK-Mango auftauen lassen und pürieren.

Cashewmus und Mangopüree über die Overnight Oats geben und genießen.

Für 1 Portion

½ Tasse (200 ml Fassungs-vermögen) Haferflocken
1 EL Chia-Samen
1 EL Leinsamen
1½ Tassen (200 ml Fassungs-vermögen) Pflanzendrink (z. B. Cashewdrink)
2 EL Ahornsirup
1 frische Mango oder
120 g Mango (TK)
1–2 EL Cashewmus

Tipps: Kernige Haferflocken haben einen nussigeren Geschmack, zarte Haferflocken geben eine cremigere Textur. Zur Abwechslung kannst du auch einen Teil der Hafer-flocken durch Amaranth-, Buchweizen- oder Quinoaflocken ersetzen. Das optimale Mischverhältnis von Flocken und Flüssigkeit beträgt 1:3. Für eine flüssigere Konsistenz kannst du etwas mehr Cashewdrink oder eine andere Milchalternative zufügen.

Kichererbsenpfannkuchen
mit Ofenpaprika,
Ziegenkäse und Avocadocreme

Den Backofen auf 200 °C Ober-/Unterhitze vorheizen.
Die Paprika für den Belag längs halbieren, von Samen
und Scheidewänden befreien, innen und außen mit dem
Öl beträufeln, mit Salz und Pfeffer bestreuen und mit
den Thymianzweigen belegen.

Eine Backform mit Öl auspinseln. Die Paprika mit der
Schnittfläche nach unten in die Backform legen und
30–35 Min. backen, bis sie weich sind. Paprika abkühlen
lassen, dann die Haut abziehen.

Alle Zutaten für den Teig in einer Schüssel mit dem
Schneebesen glatt rühren und 10 Min. ruhen lassen.
Eine antihaftbeschichtete Pfanne erhitzen und mit
etwas Öl bepinseln. Nach und nach darin 5 Pfannkuchen ausbacken.

Avocado halbieren und den Stein entfernen. Das
Fruchtfleisch mit einem Löffel herauslösen und cremig
pürieren. Mit Salz, Pfeffer und etwas Zitronensaft
abschmecken.

Pfannkuchen mit zerkrümeltem Ziegenkäse, Paprika
und Avocadocreme anrichten und mit Balsamicoessig
beträufeln.

Für 5 Pfannkuchen

Für die Pfannkuchen
350 ml Mandeldrink, Milch
oder Wasser
130 g Kichererbsenmehl
1 Ei (Größe L)
Salz

Für den Belag
2 rote Paprikaschoten
3 EL Olivenöl plus etwas für
die Form und die Pfanne
Salz
frisch gemahlener schwarzer
Pfeffer
2–3 Zweige Thymian
1 Avocado
etwas frisch gepresster
Zitronensaft
50 g Ziegenkäse
2 EL Balsamicoessig

Mango-
Himbeer-Smoothie

Für die Mangoschicht die Bananen schälen und grob zerkleinern. Frisches Mangofruchtfleisch ebenfalls grob zerkleinern. Mit dem Cashewdrink oder anderem Pflanzendrink und den Haferflocken in den Mixer geben und zu einer cremigen Masse pürieren.

Für die Himbeerschicht Bananen ebenfalls schälen und grob zerkleinern. Mit allen anderen Zutaten in den Mixer geben und zu einer cremigen Masse pürieren.

Beide Schichten nacheinander in 1 Glas füllen.

Für 1 Portion

Mangoschicht
2 kleine Bananen (ca. 140 g)
120 g Mango (TK oder frisch)
150 ml Cashewdrink oder anderer Pflanzendrink
2 EL zarte Haferflocken

Himbeerschicht
2 kleine Bananen (ca. 140 g)
120 g Himbeeren (TK oder frisch)
150 ml Cashewdrink oder anderer Pflanzendrink
1 EL Cashew- oder Mandelmus
1 EL geschälte Hanfsamen (optional)

Schokoladiges
Bananenbrot

Den Backofen auf 180 °C Ober-/Unterhitze vorheizen.
Die Butter in einem kleinen Topf schmelzen.

Bananen schälen, in grobe Stücke brechen und mit
Eiern, Honig, Cashewmus, Vanillextrakt und Butter in
den Mixer geben und alles glatt pürieren.

In einer Schüssel Kakao, Hafermehl, Kokosmehl, Backpulver und Natron vermischen. Dann zu der Bananen-
masse geben und kurz verrühren. Die Schokoladentröpfchen bis auf 2 EL zum Bestreuen unterheben.

Eine Kastenform einfetten, den Teig in die Form geben,
glatt streichen, mit den restlichen Schokoladentröpfchen bestreuen und 50–55 Min. im vorgeheizten Ofen
backen. Dann die Stäbchenprobe machen. Wenn noch
etwas Teig an einem hineingestochenen Holzstäbchen
anhaftet, noch einige Min. weiterbacken.

Für eine Kastenform (20 x 10 cm)

50 g Butter plus etwas für die Form
2 reife Bananen (ca. 200 g)
2 Eier (Größe L)
100 ml flüssiger Honig
60 g Cashewmus
1 TL Vanillextrakt
30 g ungesüßtes Kakaopulver
70 g Hafermehl
20 g Kokosmehl
1 TL Backpulver
½ TL Natron
100 g Schokoladentröpfchen

Tipp: Statt Hafermehl kannst du auch Haferflocken nehmen und im Mixer
oder in der Kaffeemühle zu Mehl verarbeiten.

Apfelwaffeln mit Zimt und Kardamom

Die Äpfel vierteln, vom Kerngehäuse befreien und grob raspeln. Eier und Kokosmilch, Milch oder Pflanzendrink dazugeben und alles mit den Schneebesen des elektrischen Handrührgeräts gut verrühren.

Alle trockenen Zutaten zu der Masse geben und gründlich damit verrühren.

Das Waffeleisen fetten und nach und nach 4 Waffeln darin backen.

Serviervorschlag: Die Waffeln mit Obst und Dattelsirup reichen.

Für 4 Waffeln

2 Äpfel
3 Eier (Größe L)
150 ml Kokosmilch, Vollmilch
oder Pflanzendrink
30 g Kokosmehl
60 g Reismehl
60 g gemahlene Nüsse
1 TL gemahlener Zimt
1 TL gemahlener Kardamom
1 TL Backpulver
Fett für das Waffeleisen

Tipp: Statt Reismehl kannst du auch Buchweizenmehl verwenden.

Eierpfanne mit Grünkohl und Tomaten

Die Schalotte schälen, halbieren und in feine Halb-
ringe schneiden. Knoblauch schälen und fein hacken.
Grünkohlblätter von den Stängeln zupfen und grob
zerreißen.

Das Öl in einer Pfanne erhitzen, Schalotte und Knoblauch darin 1–2 Min. anschwitzen. Dann den Grünkohl
dazugeben und weitere 2 Min. bei mittlerer Hitze dünsten. Anschließend auch die Tomaten zu dem Grünkohl
geben und noch einige Min. weiterdünsten. Mit Salz
und Pfeffer abschmecken.

Mit einem Holzlöffel 3 Vertiefungen hineindrücken und
je 1 Ei in eine Vertiefung gleiten lassen. Mit Salz bestreuen, den Deckel auflegen und die Eier bei geringer
Hitze 4–5 Min. stocken lassen.

Die Eierpfanne mit Artischockenherzen und Oliven
servieren.

Für 1–2 Portionen

1 Schalotte
1 Knoblauchzehe
3 Grünkohlstängel
2 EL Olivenöl
100 g Kirschtomaten oder
Roma-Kirschtomaten
Salz
frisch gemahlener schwarzer
Pfeffer
3 Eier
2–3 marinierte Artischockenherzen
1 Handvoll grüne Oliven mit
Kräutern

Tipp: Statt Grünkohl kannst du auch 100 g Spinat verwenden.

Chia-Pudding mit Himbeeren, Kokoschips und Walnüssen

Chia-Samen, Pflanzendrink und Honig oder Dattelsirup mit einer Gabel gut verrühren und 20 Min. oder über Nacht quellen lassen. Wenn der Pudding zu fest ist, etwas mehr Flüssigkeit dazugeben.

Die Hälfte der Himbeeren in einem Schälchen mit der Gabel zerdrücken und in 2 Gläser verteilen. Die Walnüsse grob hacken.

Chia-Pudding über die zerdrückten Himbeeren geben. Den Pudding mit Heidelbeeren, Kokoschips und Walnüssen toppen.

Für 2 Portionen

2 geh. EL Chia-Samen
300 ml Pflanzendrink (z. B. Kokosmilch, Mandel-, Hafer-, Cashew- oder Sojadrink), evtl. etwas mehr
4 EL flüssiger Honig oder Dattelsirup
250 g Himbeeren
1 Handvoll Walnusskerne
100 g Heidelbeeren
1 Handvoll Kokoschips

Tipps: Mit Kokosmilch wird der Pudding besonders cremig, da ihr Fettgehalt höher ist. Statt Beeren kannst du auch Apfel- oder Birnenmus, pürierte Mango oder ein beliebiges klein geschnittenes Obst und für einen nussigen Geschmack 1 EL Nussmus als Topping verwenden.

Zucchini-Kohlrabi-Waffeln

Den Kohlrabi schälen und den Dill fein hacken. Zucchini und Kohlrabi grob raspeln, salzen und 10 Min. stehen lassen. Den Mozzarella reiben.

Dann die Zucchinimasse mit den Händen ausdrücken und mit den Eiern verrühren. Dill, Mozzarella und Reismehl unter die Zucchini-Eier-Masse rühren.

Das Waffeleisen erhitzen und mit Öl bepinseln. Nacheinander 6 Waffeln goldbraun ausbacken.

Serviervorschlag: Die Waffeln mit Babyspinat, Avocado, Kirschtomaten und hart gekochten Eiern reichen.

Für 6 Stück

1 Kohlrabi
½ Bund Dill
400 g Zucchini
Salz
60 g Mozzarella
4 Eier (Größe M)
60 g Vollkorn-Reismehl
Öl für das Waffeleisen

Tipp: Statt Reismehl kannst du auch Buchweizenmehl verwenden. Die Waffeln bekommen dadurch den charakteristischen nussigen Geschmack.

Quinoa-Porridge
mit gebratenen Bananen

Quinoaflocken, Haferflocken, Kokosmilch und 2–2 ½ Tassen Wasser (200 ml Fassungsvermögen) in einen Topf geben und zum Kochen bringen. Dann die Hitze reduzieren und die Mischung ca. 5 Min. köcheln lassen, bis sie eindickt und cremig wird. Dabei den Porridge gelegentlich umrühren. Mit Salz und 2–3 EL Honig abschmecken.

Das Kokosöl in einer Pfanne erhitzen und den restlichen Honig dazugeben. Die Bananen schälen, längs halbieren und von beiden Seiten darin anbraten.

Den Porridge auf 2 Teller verteilen, mit Bananen und Früchten belegen und mit Sesam bestreuen.

Für 2 Portionen

½ Tasse (200 ml Fassungsvermögen) Quinoaflocken
½ Tasse (200 ml Fassungsvermögen) kernige Haferflocken
1 Tasse (200 ml Fassungsvermögen) Kokosmilch
1 Prise Salz
4–5 EL flüssiger Honig
1 EL Kokosöl
2 Bananen
1 Handvoll Himbeeren
2 Feigen oder saisonales Obst
1 EL Sesamsamen

Tipp: Quinoaflocken haben einen leicht bitteren Geschmack. Deshalb empfehle ich dir, sie – am Anfang – mit Haferflocken zu mischen. Statt Quinoaflocken kannst du auch Hirseflocken für einen Hirseporridge verwenden. Und statt Kokosmilch eignet sich Kuhmilch oder eine beliebige pflanzliche Alternative.

Baguette
mit Sonnenblumenkernen

Den Ofen auf 180 °C Ober-/Unterhitze vorheizen und ein Backblech mit Backpapier belegen.

Reismehl, Buchweizenmehl, Tapiokastärke, 120 g Sonnenblumenkerne oder Nüsse, Flohsamenschalen, Salz und Natron in einer Schüssel vermischen. 650 ml Wasser und den Apfelessig dazugeben und alles zu einem dicken Teig verrühren.

Den Teig 5 Min. ruhen lassen, er soll nicht zu klebrig sein. Dann in 3 oder 5 Teile teilen, mit feuchten Händen zu Baguettes formen und auf das Backblech legen. Mit einem scharfen Messer 3–5 Mal länglich einschneiden.

Die Baguettes mit den restlichen Sonnenblumenkernen und dem Sesam bestreuen. Kleinere Baguettes 1 Std. bis 1 Std. 10 Min., größere Baguettes 1 Std. 20 Min. bis 1 Std. 30 Min. backen.

Serviervorschlag: Die Baguettes mit Frischkäse bestreichen, mit Parmaschinken, Feigen und Walnüssen belegen und mit Microgreens oder Salat reichen.

Für 3 große oder 5 kleinere Baguettes

340 g Vollkorn-Reismehl
(optional helles Reismehl)
240 g Buchweizenmehl
80 g Tapiokastärke
150 g Sonnenblumenkerne
(optional gehackte Nüsse)
60 g gemahlene Flohsamenschalen
2 TL Salz
1 TL Natron
2 EL Apfelessig
40 g Sesamsamen

Kerniges Granola
mit Bananen und Mandeln

Den Ofen auf 160 °C Ober-/Unterhitze vorheizen und ein Backblech mit Backpapier belegen. Die Bananen schälen und in einer großen Schüssel mit einer Gabel zerdrücken. Das Kokosöl in einem kleinen Topf oder in der Mikrowelle schmelzen.

Alle Zutaten mit dem Bananenpüree und dem Kokosöl in einer großen Schüssel gut vermischen und auf dem Backblech verteilen. Ca. 40 Min. backen, dabei die Masse alle 10 Min. auf dem Blech wenden.

Aus dem Ofen nehmen, abkühlen lassen und in einem Glas luftdicht verschlossen aufbewahren.

Serviervorschlag: Mit Joghurt oder Quark und Beeren reichen.

Für 1 Vorratsglas (1 l)

2 reife Bananen
50 ml Kokosöl
200 g kernige Haferflocken
100 g Sonnenblumenkerne
100 g Kürbiskerne
100 g Mandeln
50 ml Ahornsirup
1 EL gemahlener Zimt
(optional)

Tipp: Statt Mandeln kannst du auch Haselnüsse oder Walnüsse verwenden.

Herzhaftes

Schnelle
Kürbis-Sellerie-Lasagne

Das Olivenöl in einer Pfanne erhitzen. Die Zwiebel schälen und fein würfeln. Knoblauch schälen und fein hacken. Beides in dem Olivenöl glasig dünsten. Dann das Hackfleisch dazugeben und 5 Min. krümelig braten, dabei gelegentlich umrühren.

Kürbis oder Möhren und Sellerie nach Bedarf schälen, dann grob raspeln und zu dem Fleisch geben. Weitere 5 Min. bei mittlerer Hitze braten. Tomaten, Tomatenmark und Gewürze zugeben, vermischen und weitere 10 Min. dünsten.

Den Ofen auf 180 °C Ober-/Unterhitze vorheizen. Eine Auflaufform einfetten und den Käse reiben. Etwa 3 EL der Füllung auf dem Boden der Form verteilen. Mit den Lasagneplatten belegen, ein Drittel der Füllung darauf verteilen und mit einem Viertel des Käses bestreuen. Zwei weitere Schichten mit Lasagneplatten, Füllung und Käse einschichten. Mit dem restlichen Käse bestreuen.

Milch oder Pflanzendrink rundherum um den Rand der Form gießen, damit die Nudeln genug Flüssigkeit bekommen, um weich zu werden.

Lasagne 35–40 Min. im vorgeheizten Ofen backen.

Für eine Auflaufform (18 x 22 cm)

3 EL Olivenöl plus etwas für die Form
1 große Zwiebel
2–3 Knoblauchzehen
400 g Hackfleisch
500 g Kürbis oder Möhren
⅛ Knollensellerie
400 g stückige Tomaten mit Kräutern (Dose)
2 EL Tomatenmark
1 EL Paprikapulver
1 TL Knoblauchpulver
1 TL gemahlener Koriander
Salz
frisch gemahlener schwarzer Pfeffer
250 g Mozzarella, Gouda oder Emmentaler
1 Pck. glutenfreie Lasagneplatten
100 ml Milch oder Pflanzendrink

Suppe mit Ofen-Blumenkohl und Süßkartoffeln

Den Ofen auf 180 °C Ober-/Unterhitze vorheizen. Blumenkohl putzen und in Röschen teilen. Süßkartoffeln schälen und in große Würfel schneiden. Zwiebel schälen und halbieren, Knoblauch schälen.

Gemüse, Zwiebel und Knoblauch auf dem Backblech verteilen, mit Olivenöl beträufeln und mit den Gewürzen vermischen. Im vorgeheizten Ofen ca. 35 Min. backen, bis das Gemüse weich ist.

Dann das Gemüse in den Mixer geben und mit so viel kochendem Wasser übergießen, dass es bedeckt ist. Kokosmilch und Gemüsebrühpulver dazugeben und cremig mixen. Bei Bedarf mehr Wasser dazugeben, bis die gewünschte Konsistenz erreicht ist.

Serviervorschlag: Suppe mit Dukkah (arabischer Gewürzmischung, siehe S. 134) und Walnüssen reichen.

Für 2 Portionen

1 kleiner Blumenkohl
2 Süßkartoffeln
1 große Zwiebel
2 Knoblauchzehen
3 EL Olivenöl
1 TL edelsüßes Paprikapulver
1 TL Knoblauchpulver
1 TL gemahlene Kurkuma
½ TL gemahlener Koriander
Salz
frisch gemahlener schwarzer Pfeffer
1 Schuss Kokosmilch
1 EL Gemüsebrühpulver

Salat mit Rote-Linsen-Reis, Hähnchenbrustfilet, Grünkohl und Apfel

„Rote Linsen wie Reis" nach Packungsanweisung kochen.

Für die Marinade alle Zutaten miteinander verrühren. Die Hähnchenbrüste mit der Marinade einreiben und 30 Min. oder über Nacht im Kühlschrank marinieren.

Das Fleisch in der Pfanne oder auf dem Grill von beiden Seiten braten bzw. grillen, bis es gar ist. Dann kurz abkühlen lassen und in Stücke schneiden.

Die Grünkohlblätter von den Stängeln zupfen und grob zerreißen oder schneiden. Mit dem Salz bestreuen und 1–2 Min. mit den Händen kräftig durchkneten, bis die Blätter weicher geworden sind.

Den Apfel halbieren, vom Kerngehäuse befreien und in dünne Spalten schneiden. Die Walnüsse grob hacken. Die Granatapfelkerne aus der Frucht lösen.

Für das Dressing alle Zutaten miteinander verrühren.

Rote-Linsen-Reis, Apfel und Hähnchenfleisch zu dem Grünkohl geben, mit Granatapfelkernen und gehackten Walnüssen bestreuen. Das Dressing über den Salat geben und alles verrühren.

Für 2 Portionen

Für den Salat
125 g „Rote Linsen wie Reis"
2 Hähnchenbrustfilets
3–4 Grünkohlstängel
½ TL Salz
1 Apfel
1 Handvoll Walnusskerne
⅓ Granatapfel

Für die Marinade
2 EL Olivenöl
1 EL flüssiger Honig
1 TL Senf
½ TL Knoblauchpulver
Salz
frisch gemahlener schwarzer Pfeffer

Für das Dressing
4 EL Olivenöl
frisch gepresster Saft von
½–1 Zitrone
1 TL Dijonsenf
1 EL flüssiger Honig
Salz
frisch gemahlener schwarzer Pfeffer

Lauchkuchen

Den Backofen auf 180 °C Ober-/Unterhitze vorheizen und eine Backform mit Backpapier auslegen.

Den Lauch putzen, längs halbieren und jede Hälfte in ca. ½ cm lange Stücke schneiden.

Eier, Joghurt und Öl in einer Schüssel miteinander verquirlen. Dann Mehl, Backpulver und Salz unterrühren. Den Lauch ebenfalls unterheben.

Die Backform fetten, den Teig hineingeben und glatt streichen. 25–30 Min. im vorgeheizten Ofen goldbraun backen.

Für eine rechteckige Backform (30 x 24 cm)

250 g Lauch (nur der hellgrüne und weiße Teil)
4 Eier (Größe M oder L)
250 g Joghurt (3,8 % Fettgehalt)
100 ml natives Olivenöl
125 g Reismehl
125 g Buchweizenmehl
1 gestr. TL Backpulver
Salz
Fett für die Form

Tipp: Den Joghurt kannst du durch Kokosjoghurt ersetzen, allerdings kann der Teig beim Backen dann nicht ganz so gut aufgehen – er schmeckt aber ebenso gut!

Ofen-Süßkartoffeln mit Kichererbsen und Rosenkohlsalat

Den Backofen auf 180 °C Ober-/Unterhitze vorheizen. Die Süßkartoffeln schälen, mit 2 EL Öl bepinseln, auf ein Backblech legen und ca. 1 Std. backen, bis sie weich sind.

Nach 45 Min. Backzeit die Kichererbsen abgießen, in einem Sieb unter fließendem Wasser abspülen, abtropfen lassen und in einer Schüssel mit dem restlichen Olivenöl, Salz und Gewürzen vermischen. Das Blech kurz aus dem Ofen nehmen, die Kichererbsen neben die Süßkartoffeln geben und in den restlichen 15 Min. Backzeit mitbacken.

Für den Salat den Rosenkohl putzen, halbieren, den Strunk herausschneiden und die Hälften in sehr feine Streifen schneiden. Apfel vom Kerngehäuse befreien und zusammen mit den Radieschen ebenfalls in dünne Streifen schneiden. Schnittlauch in feine Röllchen schneiden.

Für das Dressing Joghurt, Senf, Olivenöl, Orangen- und Zitronensaft glatt rühren, mit Salz und Pfeffer abschmecken.

Rosenkohl, Apfel, Radieschen und Schnittlauch mit dem Dressing verrühren.

Die Süßkartoffeln längs aufschneiden und Salat und Kichererbsen daraufgeben.

Für 2 Portionen

Für die Süßkartoffeln
2 Süßkartoffeln
5 EL Olivenöl
1 Glas Kichererbsen (Abtropf-gewicht 220 g)
Salz
½ TL Knoblauchpulver
½ TL edelsüßes Paprika-pulver

Für den Salat
1 Handvoll Rosenkohl
½ Apfel
4 Radieschen
½ Bund Schnittlauch
250 g Vollmilch- oder Kokos-joghurt
1 TL Dijonsenf
3 EL Olivenöl
frisch gepresster Saft von ½ Orange (optional)
frisch gepresster Saft von ½ Zitrone
Salz
frisch gemahlener schwarzer Pfeffer

Tipps: Rosenkohl enthält im rohen Zustand viel Vitamin C. Du kannst ihn aber 2 Min. in kochendem Wasser blanchieren, damit er weicher wird. Magst du zarten Salat, ersetze ihn durch Chinakohl.

Cremige Polenta mit Lammkarree und Kräuterseitlingen

Polenta und Milch zusammen in einen Topf geben und unter Rühren zum Kochen bringen. Die Herdplatte ausschalten und die Polenta 15 Min. quellen lassen.

100 g Sahne in einem kleinen Topf kurz aufkochen lassen. Den Parmesan reiben und mit der Sahne und etwas Salz verrühren. Die Polenta damit glatt rühren.

Die Zwiebel schälen, längs halbieren und in lange Streifen schneiden. Knoblauch schälen und fein hacken. Pilze je nach Größe in Scheiben oder in Streifen schneiden.

Die Butter in einer Pfanne erhitzen. Erst die Zwiebel und den Knoblauch darin anschwitzen, dann die Pilze zugeben. Die restliche Sahne und den Salbei zufügen, vermischen und bei geringer Hitze köcheln lassen, bis die Soße eindickt.

Die Lammkarrees nach Bedarf von Fett und Sehnen befreien und auf dem Grill von beiden Seiten anbraten. Mit Salz und Pfeffer würzen.

Polenta mit Pilzen und Lamm servieren.

Für 3 Portionen

150 g Polenta
600 ml Milch
250 g Sahne
40 g Parmesan
Salz
1 Zwiebel
1 Knoblauchzehe
250 g Kräuterseitlinge
1 EL Butter
4–5 Salbeiblättchen
6 Lammkarrees
frisch gemahlener schwarzer Pfeffer

Zitronen-Pasta
mit Zucchini und Garnelen

Spaghetti in kochendem Salzwasser nach Packungsanweisung bissfest kochen, dann in einem Sieb unter
fließendem kaltem Wasser spülen. Anschließend 1–2 EL
Olivenöl unterrühren, damit die Pasta nicht klebt.

Währenddessen die Schalotte schälen und fein würfeln.
Knoblauch schälen und fein hacken. Die Garnelen
mit Küchenpapier trocken tupfen. Zucchini mit dem
Spiralschneider zu Zoodles verarbeiten oder mit dem
Sparschäler in sehr dünne Streifen schneiden.

1 EL Öl in einer Pfanne erhitzen, die Garnelen von
beiden Seiten je 1–2 Min. darin anbraten und auf einen
Teller geben.

2 EL Öl in derselben Pfanne erhitzen, Schalotte, Knoblauch, abgeriebene Zitronenschale und Thymian kurz
darin anschwitzen, dann die Thymianzweige herausnehmen. Zucchinistreifen in die Pfanne geben und
2–3 Min. anbraten. Mit Zitronensaft, Salz und Pfeffer
abschmecken.

Garnelen dazugeben, verrühren und weitere 2 Min. bei
mittlerer Hitze dünsten. Den Parmesan reiben.

Pasta zu der Soße geben, mit Parmesan bestreuen und
vermischen.

Für 2 Portionen

150 g Gelbe-Linsen-Spaghetti
Salz
4–5 EL Olivenöl
1 Schalotte
1 Knoblauchzehe
250 g Riesengarnelen
(TK, aufgetaut)
1 gelbe oder grüne Zucchini
frisch gepresster Saft und
½ TL abgeriebene Schale von
½ Bio-Zitrone
3 Zweige Thymian
frisch gemahlener schwarzer
Pfeffer
40 g Parmesan

Tipp: Du kannst auch eine andere Sorte glutenfreie Spaghetti verwenden.

Burger mit Rind-Zucchini-Patties

Die Zwiebel schälen und fein würfeln. Zucchini fein reiben und mit den Händen möglichst viel Flüssigkeit ausdrücken.

Zwiebel, Zucchini, Hackfleisch, Ei, 1 EL Senf, Paprika- und Knoblauchpulver sowie Salz und Pfeffer in einer Schüssel vermengen. Dann 3 Patties aus der Masse formen.

Das Öl in der Pfanne erhitzen und die Patties von beiden Seiten braten. Je eine Scheibe Käse darauflegen.

Die halbe rote Zwiebel schälen und in dünne Streifen schneiden. Gurken in Streifen und Tomate in Scheiben schneiden.

Die Brötchen waagerecht halbieren. Die untere Hälfte mit dem restlichen Senf bestreichen. Zuerst je 1 Salat-blatt auf eine Brötchenhälfte legen, dann je 1 Pattie, 1 Tomatenscheibe sowie Zwiebelstreifen und Erbsen-sprossen darauflegen. Mit je 1 EL Ketchup bestreichen und die obere Brötchenhälfte daraufsetzen.

Für 3 Burger

Brötchen (siehe S. 18), mit Sonnenblumenkernen statt Sesam bestreut

Für die Patties
1 gelbe Zwiebel
150 g Zucchini
300 g Rinderhackfleisch
1 Ei
3 TL Dijonsenf
1 TL Paprikapulver
1 TL Knoblauchpulver
Salz
frisch gemahlener schwarzer Pfeffer
Öl zum Braten
3 Scheiben Gouda
½ rote Zwiebel
3 Gewürzgurken
1 Fleischtomate
3 Salatblätter
½ Pck. Erbsensprossen oder Microgreens nach Geschmack
3 EL Ketchup

Tipps: Für Burger empfehle ich dir, größere Brötchen zu formen.
Aus der Teigmenge im Rezept auf S. 18 bekommst du normalerweise 6 Brötchen.
Wegen der Größe verlängert sich die Backzeit auf 1 Std. 20 bis 1 Std. 30 Min.

Hirse-Blumenkohl-Erbsen-Bratlinge mit Zucchini-Kohlrabi-Salat

Die Hirse nach Packungsanweisung in etwas gesalzenem Wasser kochen.

Den Blumenkohl putzen, in grobe Stücke teilen und in der Küchenmaschine fein zerkleinern. Die Erbsen mit kochendem Wasser übergießen und 2 Min. auftauen lassen, dann das Wasser abgießen.

Hirse, Blumenkohl, Erbsen und Eier in einer Schüssel miteinander verrühren. Reismehl und Knoblauchpulver unterrühren und mit Salz und Pfeffer abschmecken.

Das Öl in einer Pfanne erhitzen. Aus der Blumenkohlmasse 8 Bratlinge formen, in der Polenta wenden und im heißen Öl von einer Seite goldbraun braten. Wenden und zugedeckt bei mittlerer Hitze weitere 3–5 Min. braten.

Für den Salat den Kohlrabi schälen und zusammen mit den Zucchini in dünne Streifen schneiden. Olivenöl, Balsamicoessig, Senf, Salz und Pfeffer in ein Schraubdeckelglas geben, das Glas verschließen und schütteln, bis die Vinaigrette cremig ist.

Red-Chard-Blätter oder Spinat, Zucchini und Kohlrabi auf einem Teller anrichten, die Vinaigrette darübergeben und mit Granatapfelkernen bestreuen.

Für die Joghurtsoße alle Zutaten in einem Schälchen glatt rühren.

Bratlinge mit Salat und Joghurtsoße servieren.

Tipp: Wenn du keine Küchenmaschine besitzt, kannst du den Blumenkohl auch fein reiben.

Für 8 Bratlinge/2 Portionen

Für die Bratlinge
120 g Hirse oder Quinoa
Salz
300 g Blumenkohl
100 g junge Erbsen (TK)
3 Eier (Größe L)
50 g Reismehl
1 TL Knoblauchpulver
schwarzer Pfeffer
Öl zum Braten
Polenta zum Wenden

Für den Salat
1 Kohlrabi
2 Zucchini (ca. 350 g)
6 EL Olivenöl
2 EL Balsamicoessig
2 TL Dijonsenf
Salz
schwarzer Pfeffer
150 g Red-Chard-Blätter oder Spinat
Kerne von ½ EL Granatapfel

Für die Joghurtsoße
4 EL Joghurt
1 EL Olivenöl
1 TL frisch gepresster Zitronensaft
1 EL gehackte Petersilie (TK)
Salz
schwarzer Pfeffer

Tarte mit Kürbis, Pastinake und Thymian

Den Backofen auf 180 °C Ober-/Unterhitze vorheizen und ein Backblech mit Backpapier auslegen.

Für die Füllung den Kürbis putzen, die Pastinake schälen und beides in kleine Würfel schneiden. Zwiebel schälen und in größere Stücke schneiden. Gemüse und Thymian (bis auf 5–6 Zweige) auf dem Backblech verteilen, mit Olivenöl beträufeln, mit Salz und Knoblauchpulver würzen und 20–30 Min. backen, bis das Gemüse weich ist.

Die Butter für den Teig würfeln. Mit allen anderen Zutaten in der Küchenmaschine zu einem glatten Teig verarbeiten. Sollte die Masse klebrig sein, noch etwas Mehl dazugeben.

Den Teig zwischen zwei Stück Backpapier ½ cm dünn ausrollen und vorsichtig in eine gefettete Tarte- oder Quicheform geben. Gleichmäßig verteilen, am Rand hochziehen und festdrücken. Den Boden mehrmals mit einer Gabel einstechen, ein Stück Backpapier auf den Teig legen und mit getrockneten Hülsenfrüchten oder ungekochtem Reis füllen. Den Teig im vorgeheizten Ofen 15 Min. blindbacken. Dann die Form aus dem Ofen nehmen und das Backpapier mit den Hülsenfrüchten entfernen.

Für den Guss den Parmesan reiben und mit Eiern, Milch und Salz in einer Schüssel glatt rühren. Das gebackene Gemüse in der Form verteilen, restliche Thymianzweige darauf verteilen und den Guss über das Gemüse geben. Weitere 30–35 Min. goldbraun backen.

Für 1 Backform (22 cm Ø)

Für die Füllung
300 g Hokkaidokürbis
1 kleine Pastinake
1 große Zwiebel
1 Bund frischer Thymian
3–4 EL Olivenöl
Salz
2 TL Knoblauchpulver

Für den Teig
150 g kalte Butter plus etwas für die Form
1 gekühltes Ei (Größe M)
1 gekühltes Eiweiß
180 g Reismehl
90 g Hafermehl, evtl. etwas mehr
1 TL Flohsamenschalen
½–1 TL Salz
1 TL italienische Kräuter

Für den Guss
40 g Parmesan
3 Eier (Größe M)
100 ml Milch oder Pflanzendrink
Salz

Tipp: Du kannst die Butter mit Salz, Flohsamenschalen und Mehl auch zu Krümeln hacken. Dann die Eier dazugeben und alles mit den Händen schnell zu einer glatten Masse verarbeiten. Die Teig-Zutaten sollen kalt sein.

Gefüllte Paprika
mit Quinoa

Die Zwiebel schälen und fein würfeln. Die Möhren raspeln. Petersilie, falls verwendet, fein hacken.

Das Öl in der Pfanne erhitzen und die Zwiebel darin anschwitzen. Möhren, Kräuter und Gewürze zugeben und weitere 2–3 Min. dünsten. Dann 100 ml Tomatenpassata unterrühren, mit Salz und Pfeffer abschmecken und weitere 5 Min. dünsten. Die Füllung mit der gekochten Quinoa vermischen.

Den Backofen auf 180 °C Ober-/Unterhitze vorheizen. Eine Auflaufform fetten und die restliche Tomatenpassata auf dem Boden der Form verteilen.

Die Paprika längs halbieren und von Samen und Scheidewänden befreien. Paprika mit Öl bepinseln, mit der Füllung füllen und in die Auflaufform setzen.

Die Paprika mit Olivenöl beträufeln und 25–35 Min. im vorgeheizten Ofen backen, bis sie weich sind. Wenn sie an der Oberfläche zu dunkel werden, mit Alufolie bedecken.

Für 3 Portionen

1 Zwiebel
2 Möhren
½ Bund Petersilie oder
Kräuter (TK)
3 EL Olivenöl plus etwas zum
Bepinseln und Beträufeln
1 TL Knoblauchpulver
1 TL Paprikapulver
400 ml Tomatenpassata (Flasche
oder Tetrapack)
Salz
frisch gemahlener schwarzer
Pfeffer
1 Tasse (200 ml Fassungs-
vermögen) gekochte Quinoa
3 Paprikaschoten

Fisch-Patties
mit Mais-Couscous-Salat

Den Fisch in Stücke schneiden, die Schalotte schälen und beides mit Bohnen und Gurken in der Küchenmaschine grob zerkleinern, aber nicht pürieren. Mit Salz und Pfeffer würzen.

Das Öl in einer Pfanne erhitzen. Aus der Fischmasse 9 Patties formen. Reismehl und gemahlene Mandeln in einen tiefen Teller geben und die Patties darin wenden. Von beiden Seiten in dem heißen Öl anbraten.

Für den Salat Brühe und Tomatenmark in 1½ Tassen (200 ml Fassungsvermögen) heißem Wasser auflösen und mit dem Couscous verrühren. Zugedeckt 5 Min. ziehen lassen. Die Paprikaschote halbieren, von Samen und Scheidewänden befreien und fein würfeln. Petersilienblättchen abzupfen und fein hacken.

Couscous mit Öl, Zitronensaft, Paprika und Petersilie vermischen. Bei Bedarf etwas mehr Zitronensaft dazugeben. Zu den Patties servieren.

Serviervorschlag: Frisches Gemüse dazu reichen.

Für 9 Patties/3 Portionen

Für die Patties
250 g Seelachsfilet (TK, aufgetaut)
1 Schalotte
180 g weiße Bohnen (Dose, abgetropft)
60 g Gewürzgurken
Salz
frisch gemahlener schwarzer Pfeffer
Öl zum Braten
70 g Reismehl
2 EL gemahlene Mandeln

Für den Mais-Couscous-Salat
1½ TL Gemüsebrühe (nach Geschmack)
1 EL Tomatenmark
1 Tasse (200 ml Fassungsvermögen) Mais-Couscous
1 rote Paprikaschote oder 4 bunte Snack-Paprika
½ Bund Petersilie
5 EL Olivenöl
frisch gepresster Saft von ½ Zitrone, evtl. etwas mehr

Tipps: Mandeln sind optional, du kannst auch nur Reismehl oder aber Polenta zum Panieren verwenden. Verfeinern kannst den Salat nach Belieben mit Gurken, Tomaten und roter Zwiebel.

Kichererbsenpasta mit Paprika-Tomaten-Soße

Den Backofen auf 180 °C Ober-/Unterhitze vorheizen und ein Backblech mit Backpapier auslegen.

Für die Soße die Paprika längs halbieren und von Samen und Scheidewänden befreien. Zwiebel schälen und halbieren. Knoblauch schälen.

Paprika mit der Schnittfläche nach unten auf das Backblech legen. Tomaten, Zwiebel, Thymianzweige und Knoblauch darum herum verteilen. Paprika mit 2 EL Olivenöl beträufeln und mit ½ TL Salz bestreuen. Das Gemüse im vorgeheizten Ofen ca. 35 Min. backen, bis es weich ist und sich die Paprikahaut dunkel färbt.

Das Gemüse herausholen und etwas abkühlen lassen. Die Haut von den Paprikahälften und den Tomaten abziehen und Paprika und Tomaten zusammen mit der Zwiebel, dem Knoblauch und dem Garsud vom Blech in den Mixer geben. Das restliche Öl dazugeben und alles glatt pürieren. Mit Salz und Pfeffer abschmecken.

Die Pinienkerne in der Pfanne ohne Fett rösten, bis sie zu duften beginnen. Die Pasta nach Packungsanweisung im kochenden Salzwasser garen.

Die Pasta mit der Soße vermischen und auf Teller verteilen. Mit gehobeltem Parmesan, Pinienkernen und Basilikumblättchen servieren.

Für 2 Portionen

Für die Pasta
150 g Kichererbsenpasta
Salz

Für die Soße
2 rote Paprikaschoten
1 Zwiebel
3 Knoblauchzehen
500 g Kirschtomaten oder
reife Tomaten
3–4 Zweige Thymian oder
1 TL getrockneter Thymian
4 EL Olivenöl
Salz
frisch gemahlener schwarzer
Pfeffer
30 g Pinienkerne
2 EL gehobelter Parmesan
½ Bund Basilikum

Minestrone

Die Zwiebel schälen und fein würfeln, Knoblauch schälen und fein hacken. Butter und Öl zusammen in einem Topf erhitzen und Zwiebel und Knoblauch kurz darin anschwitzen.

Die Möhren schälen und in Scheiben schneiden. Sellerie und Kürbis putzen und würfeln. Das Gemüse zu den Zwiebeln geben und 2–3 Min. dünsten.

Brechbohnen, Dosenbohnen, Tomaten, Nudeln, Gewürze und Brühe dazugeben und köcheln lassen, bis das Gemüse weich ist.

Die Petersilie fein hacken und über die Minestrone geben.

Für 4 Portionen

1 große Zwiebel
2–3 Knoblauchzehen
1 EL Butter
2 EL Öl
2 bunte Möhren
2 Stangen Staudensellerie
120 g Hokkaidokürbis
150 g Brechbohnen (TK)
400 g Cannellini-Bohnen oder weiße Bohnen (Dose)
400 g stückige Tomaten mit Kräutern (Dose)
60 g glutenfreie Nudeln
1 TL Paprikapulver
1 TL gemahlener Koriander
1,5 l Gemüsebrühe
½ Bund Petersilie

Tipps: Nach Wunsch kannst du auch noch 150 g Schinkenwürfel mit der Zwiebel anbraten. Du kannst die Nudeln auch in einem separaten Topf kochen und dann erst in die fertige Suppe geben.

Blumenkohlpizza mit gegrillter Aubergine und Rucola

Den Backofen auf 180 °C Ober-/Unterhitze vorheizen und ein Backblech mit Backpapier auslegen.

Den Blumenkohl putzen, in grobe Stücke teilen und in der Küchenmaschine zu feinen Krümeln verarbeiten. Dann die Eier zugeben und mit dem Blumenkohl verrühren. Parmesan reiben, mit Mandeln, Knoblauchpulver, Salz und Pfeffer zum Blumenkohl geben und alles gut vermischen.

Den Teig ca. 1 cm hoch kreisförmig auf das Blech geben und glatt streichen. Den Pizzaboden im vorgeheizten Ofen 30–35 Min. leicht goldbraun backen.

In der Zwischenzeit die Zwiebel für den Belag schälen und fein würfeln, Knoblauch schälen und fein hacken. Das Öl in der Pfanne erhitzen, Zwiebel und Knoblauch darin glasig andünsten. Tomaten dazugeben, mit Salz und Pfeffer abschmecken und die Tomaten, wenn nötig, mit dem Holzkochlöffel zerkleinern. Die Soße aufkochen und 5–10 Min. köcheln lassen, bis sie leicht eindickt.

Mozzarella und Aubergine in ½ cm dicke Scheiben schneiden. Aubergine mit Öl bepinseln, salzen und auf dem Grill von beiden Seiten grillen.

Den Pizzaboden aus dem Ofen nehmen, mit der Soße bestreichen, mit Mozzarella und gegrillter Aubergine belegen und weitere 5 Min. backen, bis der Käse geschmolzen ist. Mit Rucola belegen.

Für 1 Pizza
(28 cm Ø)

Für den Teig
700 g Blumenkohl
3 Eier (Größe L)
70 g Parmesan
90 g gemahlene Mandeln
1 TL Knoblauchpulver
Salz
frisch gemahlener schwarzer Pfeffer

Für den Belag
1 kleine Zwiebel
1 Knoblauchzehe
2 EL Olivenöl plus etwas zum Bepinseln
400 g ganze Tomaten mit Kräutern oder stückige Tomaten (Dose)
Salz
frisch gemahlener schwarzer Pfeffer
2 Mozzarella
1 Aubergine
1 Handvoll Rucola

Zucchinisticks mit Tomatensalsa

Den Backofen auf 180 °C Ober-/Unterhitze vorheizen und ein Backblech mit Backpapier auslegen.

Die Zucchini halbieren und in 1 ½ cm dicke Stäbchen schneiden.

Die Eier in einem tiefen Teller mit einer Gabel verquirlen. Den Parmesan reiben und mit Polenta, Gewürzen, Salz und Pfeffer in einem zweiten Teller vermischen.

Zucchini zuerst im Ei, dann in der Polentamischung wenden. Die Stäbchen auf dem Backblech verteilen und ca. 20 Min. im vorgeheizten Ofen backen.

In der Zwischenzeit für die Salsa die Tomaten am Blütenansatz kreuzweise einritzen und 3 Min. in heißes Wasser legen, damit sich die Haut löst. Die Haut abziehen und die Tomaten fein hacken. Zwiebel oder Schalotte schälen und in grobe Stücke schneiden, Knoblauch schälen. Beides mit Tomaten und Öl glatt pürieren und mit Salz und Pfeffer abschmecken.

Serviervorschlag: Mit Joghurt und gehackter Petersilie reichen.

Für 3 Portionen

Für die Zucchinisticks
3 Zucchini (ca. 750 g)
2 Eier
60 g Parmesan
100 g Polenta
1 TL Knoblauchpulver
1 TL edelsüßes Paprikapulver
1 TL getrockneter Oregano
1 TL getrockneter Majoran
Salz
frisch gemahlener schwarzer Pfeffer

Für die Salsa
2 reife Tomaten
½ rote Zwiebel oder
1 Schalotte
1 Knoblauchzehe
2 EL Olivenöl
Salz
frisch gemahlener schwarzer Pfeffer

Tipp: Einen Teil (etwa ein Drittel) der Polenta kannst du durch gemahlene Mandeln oder Reismehl ersetzen. Die Panade wird dadurch etwas zarter und weniger knusprig.

Gegrillte Blumenkohlsteaks
mit Hummus und Pesto

Für den Hummus den Knoblauch schälen, die Kichererbsen abgießen, in einem Sieb abtropfen lassen und mit allen anderen Zutaten in der Küchenmaschine zu einer cremigen Masse pürieren. Bei Bedarf etwas Gemüsebrühe dazugeben, bis die gewünschte Konsistenz erreicht ist.

Für das Grünkohlpesto die Blätter von den Grünkohlstielen zupfen und mit allen anderen Zutaten in der Küchenmaschine ebenfalls zu einer cremigen Masse pürieren. Mit Zitronensaft abschmecken.

Für die Blumenkohlsteaks vom Blumenkohl die äußeren Blätter bis auf kleine untere Blätter abschneiden. Blumenkohl im Ganzen in 1 cm dicke Scheiben schneiden. Olivenöl und Gewürze in einem Schälchen glatt rühren. Die Blumenkohlscheiben mit dem Öl bepinseln und auf dem Grill von beiden Seiten je 3–5 Min. bissfest grillen.

Die Butter für die Zuckerschoten in einer Pfanne zerlassen und die Zuckerschoten darin 2–3 Min. bei mittlerer Hitze dünsten. Mit Salz und Pfeffer abschmecken.

Blumenkohlsteaks mit Hummus, Zuckerschoten, Grünkohlpesto und Radieschensprossen servieren.

Für 2 Portionen

Für den Hummus
1 Knoblauchzehe
1 Dose Kichererbsen (220 g)
3 EL natives Olivenöl
1 ½ EL Tahin
Saft von ½ Zitrone
Salz, schwarzer Pfeffer
evtl. etwas Gemüsebrühe

Für das Grünkohlpesto
50 g Grünkohlblätter
50 g Pinienkerne
40 g Parmesan
10 EL natives Olivenöl
Salz, schwarzer Pfeffer
Saft von ½–1 Zitrone

Für die Blumenkohlsteaks
1 kleiner Blumenkohl
4 EL Olivenöl
½ TL Paprikapulver
½ TL gemahlene Kurkuma
½ TL Knoblauchpulver
Salz, schwarzer Pfeffer

Für die Zuckerschoten
1 TL Butter
150 g Zuckerschoten
Salz, schwarzer Pfeffer

Außerdem
30 g Radieschensprossen

Brokkolifladen
mit Möhrensalat

Den Backofen auf 180 °C Ober-/Unterhitze vorheizen und eine Backform mit Backpapier auslegen. Den Brokkoli putzen, in der Küchenmaschine zu feinen Krümeln verarbeiten und den Parmesan reiben.

Die Eier mit einer Gabel verquirlen und zu dem Brokkoli geben. Mandeln, Parmesan, Knoblauchpulver und Salz nach Bedarf unterrühren.

Den Teig in die Form geben, glatt streichen und 30–35 Min. backen, bis die Oberfläche leicht golden ist. Abkühlen lassen und in Dreiecke schneiden.

Für den Salat die Möhren putzen, in dünne Streifen schneiden oder grob raspeln. Zwiebel schälen und fein würfeln, Knoblauch schälen und fein hacken.

Das Öl in einer Pfanne erhitzen und Zwiebel und Knoblauch darin anschwitzen. Die Möhren dazugeben und 2 Min. bei mittlerer Hitze dünsten, gelegentlich umrühren.

Für das Dressing Joghurt, Schabzigerklee, Zitronensaft und Kräuter verquirlen und mit Salz und Pfeffer abschmecken. Die Möhren in eine Schüssel geben und mit dem Dressing verrühren.

Brokkolifladen mit Möhrensalat, Babyspinat und gerösteten Pinienkernen servieren.

Für eine Backform (30 x 24 cm)

Für die Fladen
1 großer Brokkoli
40 g Parmesan
3 Eier
90 g gemahlene Mandeln
1 TL Knoblauchpulver
½ TL Salz (nach Bedarf)

Für den Möhrensalat
300 g Möhren
1 kleine Zwiebel
1 Knoblauchzehe
Öl zum Dünsten
4 EL Joghurt
1 TL getrockneter Schabzigerklee
1 TL frisch gepresster Zitronensaft
2 EL gehackte Petersilie (TK) oder italienische Kräuter
Salz
frisch gemahlener schwarzer Pfeffer

Außerdem
1 Handvoll Babyspinat
2 EL Pinienkerne

Tipp: Statt Joghurt aus Kuhmilch kannst du auch eine Alternative wie z. B. Kokosjoghurt nehmen.

Desserts

Kastanien-Biskuitkuchen mit Puddingcreme und Obst

Den Backofen auf 180 °C Ober-/Unterhitze vorheizen.

Für den Biskuitboden Eier, Zucker und Vanilleextrakt mit den Schneebesen des elektrischen Handrührgeräts 4–5 Min. cremig schlagen. Dann Buchweizen-und Kastanienmehl in die Schüssel mit der Eiermasse sieben und vorsichtig unterheben.

Die Backform sehr gut mit Butter einfetten und mit Buchweizenmehl bestäuben. Den Teig in die Form geben und gleichmäßig verteilen. 15–20 Min. goldbraun backen.

In der Zwischenzeit für die Puddingcreme 50 ml Pflanzendrink oder Vollmilch mit dem Puddingpulver verrühren. Die restliche Flüssigkeit in einen Topf geben und aufkochen lassen, dann den Topf vom Herd nehmen. Die Puddingmischung in die Flüssigkeit rühren und wieder aufkochen lassen, dabei ständig mit dem Schneebesen rühren, bis die Masse eindickt. Ahornsirup oder Honig und die Butter dazugeben und glatt rühren.

Ein Stück Frischhaltefolie direkt auf die heiße Masse legen und die Creme abkühlen lassen. Sie kann über Nacht im Kühlschrank aufbewahrt werden, dann wird sie fester.

Den Biskuitboden mit der Creme bestreichen, mit Obst nach Wahl belegen und mit Minze dekorieren.

Für eine Obstkuchenform (28 cm Ø)

Für den Biskuitboden

4 Eier (Größe M oder L)
90 g Kokosblütenzucker oder Vollrohrzucker
1 TL Vanilleextrakt
90 g Buchweizenmehl plus etwas für die Form
30 g Kastanienmehl
Butter für die Form

Für die Puddingcreme

500 ml Pflanzendrink oder Vollmilch
1 Pck. Vanillepuddingpulver
70–100 ml Ahornsirup oder flüssiger Honig nach Geschmack
100 g zimmerwarme Butter

Für den Obstbelag

500–700 g Obst (Pfirsiche, Beeren etc.)
Minzestängel

Tipps: Das Kastanienmehl kannst du durch Reismehl oder gemahlene Mandeln ersetzen oder den Teig nur mit Buchweizenmehl (insgesamt 120 g) backen. Und du kannst die Butter durch Kokosöl ersetzen. Dieses in die heiße Creme einrühren. Wenn du Butter oder Kokosöl komplett weglassen möchtest, wird die Creme etwas flüssiger. Für die Puddingcreme eignen sich statt des Pflanzendrinks auch 400 ml Kokosmilch, die mit 100 ml Wasser verdünnt werden.

Donuts mit Zartbitterschokolade und Nüssen

Den Backofen auf 180 °C Ober-/Unterhitze vorheizen. Mandeln oder Haselnüsse, Reis- und Kastanienmehl, Kokosraspel und Backpulver in einer Schüssel vermischen.

Butter oder Kokosöl in einem kleinen Topf schmelzen. Zusammen mit Eiern, Joghurt und Zucker mit den Schneebesen des elektrischen Handrührgeräts auf niedriger Stufe cremig verrühren. Dann die trockenen Zutaten dazugeben und alles glatt rühren. Den Teig nicht zu lange rühren.

Eine Donut-Form fetten und mit dem Teig füllen. Die Donuts im vorgeheizten Ofen 20 Min. goldbraun backen.

Die Schokolade im Wasserbad schmelzen, 1 TL Butter oder Kokosöl unterrühren. Die Donuts in die Schokolade tauchen und mit den Nüssen oder Mandeln bestreuen.

Für 12 Stück

100 g gemahlene Mandeln
oder Haselnüsse
90 g Vollkorn-Reismehl
60 g Kastanienmehl
40 g Kokosraspel
1 TL Backpulver
70 g Butter oder Kokosöl plus
1 TL und etwas für die Form
4 Eier (Größe M)
170 g Joghurt
70 g Kokosblütenzucker
100 g Zartbitterschokolade
(mindestens 70 % Kakao-
gehalt)
3–4 EL gehackte Haselnüsse
oder Mandeln

Tipp: Statt Kastanienmehl kannst du die gleiche Menge Reismehl verwenden und die Kokosraspel kannst du durch die gleiche Menge an gemahlenen Mandeln ersetzen. Ich empfehle dir für dieses Rezept einen Naturjoghurt mit 3,8 % Fettgehalt. Auch mit Kokosjoghurt funktioniert es wunderbar.

Nussiger Möhrenkuchen mit Puddingcreme

Den Backofen auf 180 °C Ober-/Unterhitze vorheizen und eine Backform gut einfetten oder mit Backpapier auslegen.

Butter oder Kokosöl in einem kleinen Topf schmelzen. Eier, Tahin und Milch bzw. Pflanzendrink mit dem elektrischen Handrührgerät glatt rühren. Butter oder Kokosöl dazugeben und erneut glatt rühren. Die Möhren fein raspeln, dann mit dem Messer noch feiner hacken.

Mandeln, Kokosmehl, Kokosraspel, Backpulver und Natron zu der Masse geben und unterheben. Den Teig in die Form füllen und 40–45 Min. backen.

In der Zwischenzeit für die Creme Eigelbe mit 5–6 EL kaltem Pflanzendrink, Kokosmilch oder Vollmilch und dem Puddingpulver verrühren. Den restlichen Drink bzw. die restliche Milch in einem Topf zum Kochen bringen, dann die Hitze reduzieren. Die Eiermasse einrühren und unter ständigem Rühren bei mittlerer Hitze köcheln lassen, bis sie eindickt. Butter oder Kokosöl sowie Honig oder Ahornsirup dazugeben und vermischen.

Die Creme in eine Schüssel geben und mit Folie abdecken, damit sich auf der Oberfläche keine Haut bildet.

Den abgekühlten Kuchen mit der Creme bestreichen und mit Mandelblättchen bestreuen.

Für eine Backform (20 x 20 cm)

Für den Kuchen
Fett für die Form (optional)
50 g Butter oder Kokosöl
3 zimmerwarme Eier (Größe L)
50 g Tahin
25 ml Vollmilch oder Pflanzendrink
250 g Möhren
80 g gemahlene Mandeln
20 g Kokosmehl
20 g Kokosraspel
1 TL Backpulver
½ TL Natron

Für die Creme
3 Eigelb
500 ml Pflanzendrink, Kokosmilch (17 % Fettgehalt) oder Vollmilch
1 Pck. Vanillepuddingpulver
60 g Butter oder Kokosöl
50 g Honig oder Ahornsirup

Außerdem
Mandelblättchen zum Dekorieren

Erdbeer-Käsekuchen mit Buchweizenboden

Butter, Ei und Zucker zusammen mit den Schneebesen des elektrischen Handrührgeräts cremig schlagen. Buchweizenmehl mit Backpulver vermischen und zu der Buttermasse geben. Zu einem Teig verarbeiten, der nicht klebrig sein darf. Nach Bedarf noch etwas Mehl dazugeben. Den Teig in Frischhaltefolie wickeln und im Kühlschrank 30 Min. ruhen lassen.

Den Backofen auf 170 °C Ober-/Unterhitze vorheizen und den Boden einer Springform mit Backpapier auslegen. Die Ränder der Form einfetten. Den Teig in der Backform auslegen, dabei 2–3 cm am Rand hochziehen.

Für die Füllung Magerquark, Zucker, Eigelbe, Pflanzendrink und Puddingpulver glatt rühren, in die Form geben und glatt streichen.

Den Käsekuchen 1 Std. backen. Dann abkühlen lassen und mit den Erdbeeren garnieren.

Für eine Springform (20 cm Ø)

Für den Boden
100 g weiche Butter plus etwas für die Form
1 Ei (Größe L)
40 g Kokosblütenzucker
200 g Buchweizenmehl, evtl. etwas mehr
1 TL Backpulver

Für die Füllung
500 g Magerquark
80–120 g Kokosblütenzucker
3 Eigelb
150 ml Pflanzendrink
1 Pck. Vanillepuddingpulver

Außerdem
frische Erdbeeren

Joghurt-Kokos-Cupcakes

Den Backofen auf 180 °C Ober-/Unterhitze vorheizen und Papierförmchen in das Muffinblech setzen.

Kokosöl oder Butter in einem kleinen Topf zerlassen. Die Eier mit den Schneebesen des elektrischen Handrührgeräts zusammen mit dem Zucker cremig schlagen. Joghurt und Kokosöl bzw. Butter unterrühren.

Reismehl, Mandeln, Kokosraspel, Backpulver und optional Tonkabohne in einer Schüssel vermischen und zu der Eiermasse geben. Nach Wunsch noch die Beeren unterheben.

Die Muffinförmchen mit dem Teig füllen (da der Teig nur leicht aufgeht, die Förmchen zu mehr als ¾ füllen) und den Teig 20–25 Min. im vorgeheizten Ofen goldbraun backen.

Für die Creme Sahne, Mascarpone bzw. Frischkäse und Honig oder Zucker zusammen mit dem Schneebesen des elektrischen Handrührgeräts cremig schlagen. In einen Spritzbeutel füllen und die Muffins mit der Creme verzieren.

Für ein Muffinblech (12 Muffins)

Für die Cupcakes
70 ml Kokosöl oder Butter
4 Eier (Größe L)
80–100 g Kokosblütenzucker
170 g Joghurt oder Kokosjoghurt
120 g Reismehl
100 g gemahlene Mandeln
40 g Kokosraspel
1,5 TL Weinsteinbackpulver
1 TL gemahlene Tonkabohne (optional)
1 Handvoll Beeren
(z. B. Heidelbeeren oder Erdbeerstücke; optional)

Für die Creme
250 g Sahne
250 g Mascarpone oder Frischkäse
50 g flüssiger Honig oder gemahlener Vollrohrzucker

Tipp: Puderzucker kannst du aus gesünderen Zutaten selbst zubereiten, indem du z. B. Kokosblüten-, Vollrohr- oder Birkenzucker in der Kaffeemühle fein mahlst.

Kirsch-Galette
mit Mandelblättchen

Den Backofen auf 180 °C Ober-/Unterhitze vorheizen.
Das Kokosöl in einem kleinen Topf schmelzen. Kichererbsenmehl, Mandeln, 30 g Kokosblütenzucker und
Leinsamen in einer Schüssel vermischen. Den Pflanzendrink und das geschmolzene Kokosöl dazugeben und
alles zu einem homogenen Teig verarbeiten.

Die Kirschen mit der Speisestärke und dem restlichen
Zucker vermischen. Den Teig auf Backpapier vorsichtig
ausrollen, er ist etwas bröselig.

Die Kirschen auf dem Teig verteilen, dabei ca. 3 cm am
Rand frei lassen. Den Rand ringsherum mithilfe des
Backpapiers über den Kirschen zuklappen.

Die Galette mit dem Backpapier auf einem Backblech
platzieren. Den Teigrand mit Pflanzendrink bepinseln,
die Galette mit Mandelblättchen bestreuen und ca.
35 Min. im vorgeheizten Ofen goldbraun backen. Bei
Bedarf mit Backpapier zudecken, damit die Galette
nicht zu dunkel wird.

Serviervorschlag: Die Galette mit einer Kugel Vanilleeis
reichen.

Für 1 Galette

70 ml Kokosöl
100 g Kichererbsenmehl
90 g gemahlene Mandeln
70 g Kokosblütenzucker
1 EL gemahlene Leinsamen
40 ml Pflanzendrink plus
etwas zum Bepinseln
350 g Sauerkirschen (TK)
30 g Speisestärke
1 Handvoll Mandelblättchen

Dessert mit
Puddingcreme im Glas

Milch bzw. Pflanzendrink und Zucker in einen Topf
geben und zum Kochen bringen.

Eigelbe und Ei mit dem Puddingpulver verquirlen.
½ Tasse der heißen Milch oder des Pflanzendrinks zu
der Eier-Pudding-Masse geben und glatt rühren. Dann
die angerührte Masse zu der restlichen Milch geben
und verrühren.

Den Topf wieder auf den Herd stellen und die Masse
so lange köcheln lassen, bis die Creme dick wird. Bei
Bedarf durch ein Sieb passieren, um die Klümpchen zu
entfernen. Die Creme abkühlen lassen.

Die Kekse zerbröseln. Puddingcreme, Kekse und Beeren
in 3–4 Gläser schichten.

Für 3–4 Portionen

Für die Puddingcreme
500 ml Milch oder Pflanzendrink
50 g Vollrohrzucker
2 Eigelb
1 Ei
1 Pck. Vanillepuddingpulver
mit Bourbon-Vanille

Außerdem
glutenfreie Kekse
(z. B. Vanilleplätzen oder
-kipferl von S. 114 und S. 126)
Beeren

Bienenstich

Den Backofen auf 180 °C Ober-/Unterhitze vorheizen und den Boden einer Springform mit Backpapier auslegen. Die Ränder der Form nicht einfetten, damit der Boden gleichmäßig hoch bleibt. Mit eingefettetem Rand würde der Kuchen am Rand weniger aufgehen.

Eier, Zucker und Vanilleextrakt mit den Schneebesen des elektrischen Handrührgeräts 5 Min. cremig schlagen. Das Mehl portionsweise daraufsieben und unterheben. Den Teig in die Form geben, glatt streichen und 20–25 Min. backen.

Den Boden abkühlen lassen, mit dem Messer vom Springformrand lösen und quer halbieren. Die obere Hälfte des Biskuitbodens mit der Schnittfläche nach oben auf eine Tortenplatte setzen.

Sahne, Mascarpone und Honig für die Creme mit den Schneebesen des elektrischen Handrührgeräts cremig schlagen. In einen Spritzbeutel geben und die Creme auf dem gebackenen Boden verteilen. Die zweite Hälfte des Bodens mit der Schnittfläche nach unten daraufsetzen und leicht andrücken.

Für das Mandeltopping Honig und Butter in einer Pfanne zusammen aufkochen und 1 Min. köcheln lassen. Vom Herd nehmen und die Mandelblättchen unterrühren. Den Kuchen damit belegen.

Für eine Springform (20 cm Ø)

Für den Boden
4 Eier (Größe L)
80–120 g Roh-Rohrzucker
oder Kokosblütenzucker
1 TL Vanilleextrakt
120 g Reismehl

Für die Creme
250 g Sahne
200 g Mascarpone
50 ml flüssiger Honig

Für das Mandeltopping
100 ml flüssiger Honig
50 g Butter
100 g Mandelblättchen

Haselnuss-Schokoladen-Kuchen

Den Backofen auf 160 °C Ober-/Unterhitze vorheizen und eine Backform einfetten.

Die Schokolade mit einem Messer grob hacken. Die Butter würfeln und zusammen mit der Schokolade in eine Schüssel geben. Über dem Wasserbad oder in der Mikrowelle schmelzen.

Die Eier trennen und die Eigelbe zusammen mit dem Vanilleextrakt in die Schokoladenmasse geben. Mit den Schneebesen des elektrischen Handrührgeräts 1 Min. cremig schlagen. Dann die Nüsse unterheben.

Eiweiße und Zucker zusammen mit den Schneebesen des elektrischen Handrührgeräts steif schlagen und portionsweise unterheben.

Den Teig in die Form geben und 1 Std. im vorgeheizten Ofen backen. Komplett abkühlen lassen, dann mit Kakao bestäuben.

Für eine eckige Backform (20 x 20 cm) oder eine runde Backform (22 cm Ø)

250 g Zartbitterschokolade (mindestens 70% Kakaogehalt)
150 g Butter plus etwas für die Form
5 zimmerwarme Eier (Größe M)
1 TL Vanilleextrakt
180 g gemahlene Haselnüsse
80–120 g Vollrohrzucker
2 EL Kakaopulver zum Bestäuben

Tipp: Statt Haselnüssen kannst du auch Mandeln verwenden.

Vanilleplätzchen

Butter, Zucker, Vanilleextrakt und Ei in der Küchenmaschine schaumig schlagen. Reismehl, gemahlene Mandeln und Backpulver dazugeben und die Masse zu einem glatten Teig verarbeiten. Wenn der Teig zu klebrig ist, etwas mehr Reismehl unterrühren.

Den Teig zu einer Kugel formen, etwas flach drücken, in Frischhaltefolie wickeln und 30 Min. in den Kühlschrank legen.

Den Ofen auf 180 °C Ober-/Unterhitze vorheizen und ein Backblech mit Backpapier auslegen.

Den Teig zwischen zwei Stück Backpapier ca. ½ cm dünn ausrollen und Kreise ausstechen. Die Plätzchen auf dem Backblech verteilen und ca. 12 Min. im vorgeheizten Ofen backen.

Für 15–20 Stück

125 g Butter
80 g Roh-Rohrzucker
1 TL Vanilleextrakt
1 Ei (Größe L)
170 g Reismehl, evtl. etwas mehr
100 g gemahlene Mandeln
1 TL Backpulver

Ricotta-Käsekuchen
mit Dattelboden

Den Backofen auf 150 °C Ober-/Unterhitze vorheizen. Den Boden der Backform mit Backpapier auslegen und die Seiten der Form fetten.

Das Kokosöl in einem kleinen Topf zerlassen und mit Datteln, Mandeln und Reismehl in der Küchenmaschine einige Min. zu einer homogenen Masse verarbeiten. Den Teig gleichmäßig in der Form verteilen und festdrücken.

Den Boden 15 Min. im vorgeheizten Ofen backen. Dann herausnehmen und kurz abkühlen lassen.

Ricotta, Frischkäse, Eier, Zucker oder Datteln und Zitronensaft cremig verrühren oder pürieren. Die Masse in der Form verteilen und glatt streichen. Den Kuchen 50 Min. bis 1 Std. im vorgeheizten Ofen backen.

Die Aprikosen waschen und halbieren. Den Käsekuchen abkühlen lassen und mit den Johannisbeeren und Aprikosenhälften dekorieren.

Für eine Springform (20 cm Ø)

Für den Boden
40 g Kokosöl plus etwas für die Form
130 g Soft-Datteln
120 g gemahlene Mandeln
60 g Reismehl

Für die Füllung
250 g Ricotta
360 g Frischkäse
2 Eier (Größe M oder L)
60–100 g Kokosblütenzucker oder 150–200 g Soft-Datteln
frisch gepresster Saft von 1 Zitrone

Außerdem
Johannisbeeren und Aprikosen nach Geschmack zum Dekorieren

Tipp: Statt Soft-Datteln kannst du andere getrocknete Datteln verwenden. Weiche sie 30 Min. in heißem Wasser ein, tupfe sie dann trocken und verarbeite sie weiter wie im Rezept angegeben.

Tahin-Schokoladen-Plätzchen

Den Backofen auf 180 °C Ober-/Unterhitze vorheizen und ein Backblech mit Backpapier auslegen.

Eier, Tahin, Mandelmus und Zucker in einer Schüssel mit den Schneebesen des elektrischen Handrührgeräts cremig verrühren. Schokolade über dem Wasserbad oder in der Mikrowelle schmelzen und unterrühren.

Kokosmehl, Mandeln, Kakao und Backpulver in einer weiteren Schüssel vermischen, zu der Eiermasse geben und verrühren. Die Schokoladentröpfchen unterheben.

Den Teig mit dem Eisportionierer abmessen und mit einem Abstand von je 2–3 cm auf dem Backblech verteilen. Die Plätzchen 10–12 Min. im vorgeheizten Ofen backen.

Für 8–10 Stück

2 Eier (Größe L)
60 g Tahin
60 g Mandelmus
80 g Kokosblütenzucker
100 g Zartbitterschokolade (mindestens 70 % Kakaogehalt)
50 g Kokosmehl
40 g gemahlene Mandeln
25 g ungesüßtes Kakaopulver
½ TL Backpulver
60 g Schokoladentröpfchen (optional)

Tipp: Das Mandelmus kannst du durch Cashewmus oder Tahin ersetzen. Tahin hat allerdings einen leicht bitteren Geschmack.

Kirsch-
Streuselkuchen

Reis-, Mais- und Kichererbsen- oder Hafermehl sowie
das Backpulver in einer Schüssel vermischen. Das
Kokosöl in einem kleinen Topf zerlassen und zusammen
mit dem Zucker dazugeben. Zu einem homogenen Teig
verrühren, zu einer Kugel formen, in Frischhaltefolie
wickeln und im Kühlschrank 30 Min. ruhen lassen.

Den Backofen auf 180 °C Ober-/Unterhitze vorheizen
und eine Tarteform einfetten. ⅔ des Teigs in die Form
geben und mit den Händen auf den Boden der Form und
den Rändern gleichmäßig andrücken.

Die Sauerkirschen abtropfen lassen und pürieren. Mit
Stärke und Zucker verrühren.

Die Kirschen in die Tarteform füllen. Den restlichen Teig
zwischen den Fingern zu Streuseln zerkrümeln und
über dem Kuchen verteilen. Im vorgeheizten Backofen
35 Min. backen.

Serviervorschlag: Mit einer Kugel Vanilleeis reichen.

Für eine Tarteform mit abnehmbaren Boden (20 cm Ø)

Für den Teig
120 g Reismehl
10 g Maismehl
80 g Kichererbsenmehl
oder Hafermehl
1 TL Backpulver
120 g Kokosöl plus etwas
für die Form
80–100 g Vollrohrzucker

Für den Belag
500 g Sauerkirschen
(TK, aufgetaut)
35 g Maisstärke
80 g Vollrohrzucker

Zucchini-Schokoladen-Torte

Den Backofen auf 180 °C Ober-/Unterhitze vorheizen. Den Boden einer Springform mit Backpapier auslegen und die Ränder einfetten.

Zucchini fein reiben, salzen und 5 Min. ziehen lassen, dann mit den Händen leicht ausdrücken. Das Kokosöl oder die Butter in einem kleinen Topf zerlassen.

Zucchini, Eier, Zucker oder Datteln und Öl bzw. Butter im Mixer zu einer glatten Masse verarbeiten. Mandeln, Buchweizen- oder Reismehl, Kakao oder Carob, Backpulver und Vanille unterheben. Den Teig in der Form verteilen und 25 Min. im vorgeheizten Ofen backen.

Für die Creme die Schokolade im Wasserbad schmelzen und mit Mascarpone und Magerquark oder Sahne zu einer glatten Masse vermischen. Die Creme nach Wunsch mit Ahornsirup süßen.

Den Kuchen aus dem Ofen nehmen, abkühlen lassen und mit der Creme und Obst dekorieren.

Für eine Springform (20 cm Ø)

Für den Boden
70 g Kokosöl oder Butter plus etwas für die Form
250 g Zucchini
1 Prise Salz
2 Eier (Größe L)
70–100 g Kokosblütenzucker oder 10–15 Soft-Datteln
80 g gemahlene Mandeln
65 g Buchweizenmehl oder Reismehl
60 g ungesüßtes Kakaopulver oder Carob
1 TL Backpulver
1 TL Vanilleextrakt oder Vanillezucker

Für die Creme
100 g Zartbitterschokolade (mindestens 70 % Kakaogehalt)
150 g Mascarpone
150 g Magerquark oder Sahne
Ahornsirup nach Geschmack

Außerdem
Obst zum Dekorieren

Zitronen-Mohn-Madeleines

Die Zitronenschale abreiben, die Zitrone halbieren und den Saft von ½ Zitrone auspressen. Schale und Saft mit Eiern und Zucker mit den Schneebesen des elektrischen Handrührgeräts auf niedriger Stufe oder mit dem Schneebesen ca. 2 Min. glatt rühren.

Mandeln, Reismehl, Backpulver und Mohn dazugeben und verrühren. Die Butter in einem kleinen Topf zerlassen und ebenfalls unterrühren. Den Teig für 15–20 Min. in den Kühlschrank stellen.

Den Backofen auf 180 °C Ober-/Unterhitze vorheizen. Eine Madeleine-Backform fetten und den Teig einfüllen. Die Madeleines ca. 15 Min. goldbraun backen.

Mit gemahlenem Rohrohrzucker bestäuben.

Für 18 Stück

1 Bio-Zitrone
3 zimmerwarme Eier
(Größe M)
80 g Roh-Rohrzucker
100 g gemahlene Mandeln
100 g Reismehl
½ TL Backpulver
1 ½ TL Mohnsamen
100 g Butter plus etwas für die Form
gemahlener Roh-Rohrzucker zum Bestäuben

Tipp: Für dieses Rezept kannst du helles Reismehl und Vollkorn-Reismehl verwenden.

Vanillekipferl

Butter, Ei, Vanilleextrakt und Zucker in der Küchenmaschine cremig rühren. Alle anderen Zutaten, bis auf
den Zucker zum Bestreuen, dazugeben und zu einem
glatten, nicht mehr klebenden Teig verarbeiten. Wenn
nötig, etwas mehr Reismehl dazugeben.

Den Teig zu einer Kugel formen, in Frischhaltefolie
wickeln und 1 Std. in den Kühlschrank legen.

Den Backofen auf 180 °C Ober-/Unterhitze vorheizen
und ein Backblech mit Backpapier auslegen.

Je 1 EL Teig (ca. 20 g) abnehmen und jeweils zu einem
Kipferl formen. Die Kipferl 10 Min. im vorgeheizten
Ofen backen.

Die abgekühlten Kipferl mit gemahlenem Birkenzucker
bestäuben.

Für 15–20 Stück

125 g kalte Butter
1 Ei (Größe L)
1 TL Vanilleextrakt
80–120 g Birkenzucker
150 g Vollkorn-Reismehl,
evtl. etwas mehr
100 g gemahlene Mandeln
50 g Buchweizenmehl
1 TL Backpulver
2 EL fein gemahlener Birkenzucker zum Bestreuen

Tipp: Du kannst statt Birkenzucker auch eine andere Zuckersorte fein mahlen
und als Ersatz für Puderzucker verwenden, z.B. Roh-Rohrzucker.

Biscotti mit Zartbitter-schokolade und Haselnüssen

Den Backofen auf 180 °C Ober-/Unterhitze vorheizen und ein Backblech mit Backpapier auslegen.

Die Eier mit dem Zucker mit den Schneebesen des elektrischen Handrührgeräts schaumig schlagen. Die Butter in einem kleinen Topf zerlassen und mit der Eiermasse verrühren.

Hafer- und Reismehl, Stärke, Backpulver, Flohsamenschalen und Zimt in einer Schüssel vermischen und zu der Eiermasse geben. Ist der Teig zu klebrig, noch etwas Reismehl unterrühren.

Die Nüsse grob hacken und 100 g davon unter den Teig rühren. Den Teig zu einer Rolle formen, auf das Backblech legen und ca. 25 Min. backen. Dann die Rolle aus dem Ofen nehmen und gut abkühlen lassen, damit der Teig nicht bröselt.

Die Rolle schräg in 1 cm dicke Scheiben schneiden. Die Scheiben auf dem Backblech verteilen und weitere 10 Min. backen.

Die Schokolade grob hacken und über dem Wasserbad mit dem Kokosöl oder der Butter schmelzen. Die Biscotti einzeln in die Schokolade dippen und mit den restlichen gehackten Nüssen bestreuen.

Für 15 Stück

2 Eier (Größe L)
50–100 g Kokosblütenzucker
70 g Butter
130 g Hafermehl
150 g Reismehl, evtl.
etwas mehr
20 g Maisstärke
1 TL Backpulver
1 gestr. TL Flohsamen-schalenpulver
1 TL gemahlener Zimt
120 g Haselnüsse

Für die Schokoladenglasur

100 g Zartbitterschokolade
(mind. 70 % Kakaogehalt)
1 TL Kokosöl oder Butter

Tipps: Statt Nüssen kannst du in den Teig auch eine Handvoll Rosinen geben. Das Rezept funktioniert auch ohne Flohsamenschalenpulver. Das Gebäck wird dann aber etwas krümeliger.

Festliche
Buchweizen-Lebkuchen

Honig, Butter und Zucker in einem Topf erwärmen und glatt rühren, bis sich der Zucker aufgelöst hat.

Ei, Buchweizenmehl, Mandeln, Kichererbsenmehl, Backpulver und Gewürze dazugeben und alles zu einem glatten Teig verarbeiten. Den Teig in Frischhaltefolie wickeln und im Kühlschrank ca. 1 Std. ruhen lassen.

Den Backofen auf 180 °C Ober-/Unterhitze vorheizen und ein Backblech mit Backpapier auslegen.

Den Teig auf einem Stück Backpapier ausrollen. Lebkuchen ausstechen, auf dem Backblech verteilen und 8–10 Min. goldbraun backen.

Für 15–20 Stück

200 g flüssiger Honig
100 g Butter
50 g Kokosblütenzucker
1 Ei (Größe M oder L)
200 g Buchweizenmehl
100 g gemahlene Mandeln
50 g Kichererbsenmehl
1 TL Backpulver
1 TL Pottasche
1 TL gemahlener Zimt
1 TL gemahlener Kardamom
1 TL gemahlene Nelken
½ TL gemahlener Ingwer
1 TL Vanilleextrakt

Snacks

Möhren-Pastinaken-Hummus mit Dukkah

Den Backofen auf 180 °C Ober-/Unterhitze vorheizen und ein Backblech mit Backpapier auslegen.

Für den Hummus Möhren und Pastinake putzen und längs vierteln, Zwiebel schälen und vierteln. Alles auf dem Backblech verteilen, mit 2 EL Olivenöl beträufeln und mit den Gewürzen gründlich vermischen. Das Gemüse 25–35 Min. backen, bis es weich ist.

Für das Dukkah die Walnüsse grob hacken und mit dem Sesam in einer Pfanne ohne Fett rösten, bis es zu duften beginnt. Aus der Pfanne nehmen.

Koriander, Pfefferkörner und Kreuzkümmel in derselben Pfanne ohne Fett 1–2 Min. rösten, dann im Mörser fein zerstoßen. Gewürze mit Walnüssen und Sesam vermischen.

Einige Möhrenviertel und etwas Pastinake zum Servieren aufheben, den Rest zu Hummus verarbeiten. Dafür die Kichererbsen abtropfen lassen. Kichererbsen, gebackenes Gemüse und restliches Olivenöl in einer Küchenmaschine glatt pürieren, mit Salz und Pfeffer abschmecken. Bei Bedarf noch etwas Gemüsebrühe unterrühren.

Das Hummus mit dem Gemüse auf Tellern anrichten und mit Dukkah bestreuen.

Serviervorschlag: Dazu Maisecken, Erbsenecken oder Quinoa-Knäckebrote reichen.

Für 2–3 Portionen

Für den Hummus
3 bunte Möhren
1 Pastinake
1 große Zwiebel
6 EL Olivenöl
1 TL Knoblauchpulver
1 TL gemahlene Kurkuma
1 TL edelsüßes Paprikapulver
1 Glas Kichererbsen (Abtropfgewicht 220 g)
Salz
frisch gemahlener schwarzer Pfeffer
evtl. etwas Gemüsebrühe

Für die Dukkah-Gewürzmischung
1 Handvoll Walnusskerne
2 EL Sesamsamen
1 TL Koriandersamen
1 TL schwarze Pfefferkörner
1 TL Kreuzkümmel
1 TL grobes Salz

Aprikosen-Energy-Balls

Alle Zutaten in die Küchenmaschine geben und zu einer glatten Masse verarbeiten. Aus je 1 TL der Masse Kugeln formen.

Die Energy Balls in einem dicht verschlossenen Behälter im Kühlschrank aufbewahren und innerhalb von 2 Wochen verzehren.

Für 20 Stück

300 g Soft-Aprikosen
300 g gemahlene Mandeln
1 TL gemahlener Zimt
(optional)
1 TL gemahlener Kardamom
(optional)

Tipps: Die Energie-Balls lassen sich auch gut einfrieren. Du kannst die Energy-Balls natürlich auch mit anderen Zutaten variieren: Verwende z. B. statt Aprikosen Soft-Datteln oder Soft-Pflaumen und statt Mandeln andere gemahlene Nüsse oder Kokosraspel. Damit die Masse cremiger wird, gib noch ein paar Esslöffel Nussmus hinzu.

Dattel-Bananen-
Brownies

Den Backofen auf 160 °C Ober-/Unterhitze vorheizen und eine Backform mit Backpapier auslegen.

Das Kokosöl in einem kleinen Topf zerlassen, die Bananen schälen und in grobe Stücke brechen. Beides mit den Datteln in der Küchenmaschine zu einer glatten Masse verarbeiten. Kakao und Mandeln unterrühren.

Den Teig in die Form geben und gleichmäßig darin verteilen. Mit Kokosraspeln bestreuen und 20–25 Min. backen. Dann in der Form komplett abkühlen lassen und anschließend in Stücke schneiden.

Für eine eckige Form (20 x 20 cm)

50 ml Kokosöl
2 mittelgroße reife Bananen (ca. 400 g)
200 g Soft-Datteln
50 g ungesüßtes Kakaopulver
160 g gemahlene Mandeln
50 g Kokosraspel

Tipp: Die Kokosraspel kannst du auch durch gehackte Nüsse oder Sonnenblumenkerne ersetzen.

Bananen-Schokoladen-Milchshake

Die Banane schälen, in grobe Stücke brechen und mit allen anderen Zutaten zusammen mit 300 ml Wasser in den Mixer geben und glatt pürieren. In 2–3 Gläser verteilen und mit einem Trinkhalm servieren.

Für 2–3 Gläser

1 reife Banane
150 ml Kokosmilch
1 EL ungesüßtes Kakaopulver
5 Soft-Datteln oder Medjool-Datteln
2 EL Cashewmus oder anderes Nussmus
1 Prise Salz

Tipps: Statt verdünnter Kokosmilch kannst du 450 ml Kuhmilch oder eine beliebige Sorte pflanzlichen Drink nehmen und dafür das Wasser weglassen. Wenn du es süßer oder weniger süß magst, dann nimm mehr oder weniger Datteln. Das Nussmus verleiht dem Getränk die cremige Textur und macht es nahrhafter, du kannst es aber auch weglassen.

Nuss-und-
Kerne-Schnitte

Den Backofen auf 160 °C Ober-/Unterhitze vorheizen.
Die Mandeln grob hacken und mit den restlichen
Zutaten in einer Schüssel vermischen.

Die Auflaufform fetten, die Masse gleichmäßig hinein-
pressen und 20 Min. im vorgeheizten Ofen backen. Dann
abkühlen lassen und in Stücke schneiden.

**Für eine rechteckige
(17 x 25 cm) oder eine
quadratische Auflauf-
form (20 x 20 cm)**

100 g Mandeln
100 g Sonnenblumenkerne
100 g Kürbiskerne
50 g Sesamsamen
50 g Leinsamen
130 g flüssiger Honig
Fett für die Form

Tipp: In einem dicht verschlossenen Behälter halten sich die Schnitten ca. eine
Woche im Kühlschrank. Die Schnitten lassen sich auch gut einfrieren: Die gewünschte
Menge etwa eine halbe Std. vor dem Verzehr aus dem Gefriergerät nehmen.

Vegane Nugat-Karamell-Riegel

Das Kokosöl für den Nugat in einem kleinen Topf zerlassen und zusammen mit allen anderen Zutaten in der Küchenmaschine zu einer homogenen Masse verarbeiten. Die Masse fest in eine Auflaufform pressen und in das Gefriergerät stellen.

Das Kokosöl für das Karamell in einem kleinen Topf zerlassen und zusammen mit allen anderen Zutaten in der Küchenmaschine zu einer cremigen Masse verarbeiten. Das Karamell über den Nugat in der Form verteilen und glatt streichen. Die Masse im Gefriergerät über Nacht wieder fest werden lassen.

Die Schokolade für die Glasur grob hacken und zusammen mit dem Kokosöl in einer kleinen Schüssel bei geringer Hitze über dem Wasserbad schmelzen, anschließend 5 Min. abkühlen lassen.

Die Masse aus der Form lösen und in 14 gleich große Teile schneiden. Jeden Riegel in die Schokolade tauchen, auf Backpapier legen und fest werden lassen.

Für 14 Stück/eine Auflaufform (20 x 20 cm)

Für den Nugat
2 TL Kokosöl
200 g gemahlene Mandeln
2 TL ungesüßtes Kakaopulver
50 g Kokosblütenzucker
100 g Mandelmus
4 TL Vanilleextrakt
4 TL Kokosmilch

Für das Karamell
1 EL Kokosöl
200 g Soft-Datteln
100 ml Kokosmilch oder Pflanzendrink
70 g Mandelmus

Für die Schokoladenglasur
200 g Zartbitterschokolade (mindestens 70 % Kakaogehalt)
1 EL Kokosöl

Riegel aus gepuffter Quinoa mit Mandeln und Kokosraspeln

Den Boden der Müsliriegel- oder Auflaufform mit Back-papier auslegen. Die Mandeln grob hacken und in einer Pfanne ohne Fett rösten, bis sie zu duften beginnen.

Mandeln, Quinoa, Chia-Samen und Kokosraspel in einer Schüssel vermischen.

Honig und Kokosöl zusammen in einem kleinen Topf zum Kochen bringen und bei mittlerer Hitze 3 Min. köcheln lassen, dabei gelegentlich umrühren. Die Masse in die Schüssel mit den trockenen Zutaten geben und gut verrühren.

Die Masse in die Form pressen und glatt streichen. Die Form 2 Std. in das Gefriergerät stellen, bis sie fest wird.

Die Masse im Ganzen aus der Müsliriegelform nehmen oder in Stücke schneiden. Die Schokolade in einem Wasserbad schmelzen und etwas abkühlen lassen. Die Riegel in die Schokolade tauchen, auf Backpapier legen und fest werden lassen.

Für eine Müsliriegel-form oder eine Auflauf-form (20 x 20 cm)

40 g Mandeln
60 g gepuffte Quinoa
1 ½ EL Chia-Samen (optional)
30 g Kokosraspel
125 g flüssiger Honig
20 g Kokosöl
100 g Zartbitterschokolade (mindestens 70 % Kakao-gehalt)

Tipp: Statt Quinoa kannst du gepufften Reis oder Amaranth nehmen. Haselnüsse und Macadamianüsse eignen sich statt Mandeln auch gut für dieses Rezept. Optional kannst du die Schokolade auch über die Masse in der Form geben, gleichmäßig verteilen und im Gefriergerät weitere 10 Min. fest werden lassen. Dann erst die Masse herausnehmen und in Riegel schneiden.

Schokoladentrüffel

Die Schokolade in kleine Stücke brechen und die Butter oder das feste Kokosöl würfeln.

Die Kokosmilch in einem kleinen Topf kurz aufkochen lassen. Schokolade, Butter oder Kokosöl und Vanilleextrakt dazugeben, unter Rühren mit dem Spatel zerlassen und zu einer homogenen Masse rühren.

Die Schokoladenmasse 2–3 Std. im Kühlschrank fest werden lassen, damit sie sich formen lässt.

Den Kakao in eine Schüssel sieben bzw. die getrockneten Himbeeren fein mahlen. Aus der Schokoladenmasse kleine Stücke mit dem Teelöffel entnehmen und zu Kugeln formen. Die Trüffel in Kakao oder Himbeeren wälzen.

Für 12–15 Stück

200 g Zartbitterschokolade (mindestens 70 % Kakaoanteil)
40 g Butter oder Kokosöl
100 ml Kokosmilch
2 TL Vanilleextrakt
40 g ungesüßtes Kakaopulver oder getrocknete Himbeeren

Tipp: Verfeinere die Trüffel mit gehackten Nüssen, Mandel- oder Cashewmus. Gib die Nüsse oder das Nussmus dafür zusammen mit den restlichen Zutaten zu der heißen Kokosmilch und verrühre alles gut.

Erdnussbutter-Dattel-Fudge

Die Schokolade grob zerkleinern und im Wasserbad schmelzen.

Datteln, Erdnussmus, Kokossahne, Salz und Schokolade in der Küchenmaschine zu einer glatten Masse verarbeiten und in der Form verteilen. Die Erdnüsse grob hacken und darübergeben.

Den Fudge 1 Std. in das Gefriergerät stellen, dann in Stücke schneiden.

Für eine Form (20 x 20 cm)

100 g Zartbitterschokolade (mindestens 70 % Kakaoanteil)
400 g Soft-Datteln
100 g Erdnussmus
Kokossahne (fester Teil von Kokosmilch aus einer Dose)
1 Prise Salz
100 g geröstete Erdnüsse

Tipp: Statt Soft-Datteln kannst du Medjool- oder andere Datteln verwenden, die du ca. 30 Min. in heißem Wasser einweichst. Anschließend das Wasser abschütten und die Datteln mit Küchenpapier trocken tupfen.

Hafer-Muffins
mit Heidelbeeren

Den Backofen auf 180 °C Ober-/Unterhitze vorheizen und ein 12er-Muffinblech mit Papierförmchen auslegen.

Die Eier und den Zucker mit den Schneebesen des elektrischen Handrührgeräts 3 Min. cremig schlagen. Das Kokosöl in einem kleinen Topf zerlassen und zusammen mit dem Joghurt unterrühren.

Hafermehl, Backpulver und Gewürze unterheben. Die Heidelbeeren in 2 EL Hafermehl wenden und unter den Teig heben.

Den Teig in die Mulden der Muffinförmchen füllen und 30–35 Min. im vorgeheizten Ofen goldbraun backen.

Für 12 Stück

4 Eier (Größe L)
70 g Kokosblütenzucker
60 ml Kokosöl
170 g Joghurt (Vollmilch- oder Kokosjoghurt)
180 g Hafermehl plus 2 EL für die Beeren
1 ½ TL Backpulver
1 TL Vanilleextrakt
1 TL gemahlene Tonkabohne (optional)
150 g frische Heidelbeeren

Tipps: Je nach Eiergröße kannst du etwas mehr oder weniger Hafermehl verwenden. Der Teig sollte nicht zu flüssig und nicht zu fest sein. Für das Rezept kannst du Beeren nach Wunsch verwenden, auch TK. Bestreue die Muffins vor dem Backen noch mit gehackten Nüssen nach Wahl oder Kokosraspeln.

Rezeptregister

Zutatenregister

Danke

Liebe Leserin, lieber Leser, ich danke dir herzlich für dein Interesse an diesem Buch und wünsche dir viel Erfolg und Spaß beim glutenfreien Kochen und Backen.

Außerdem richte ich meinen großen Dank an all die wundervollen Menschen, die zur Entstehung dieses Buches beigetragen haben: zunächst an mein Verlagsteam dafür, dass ich meinen Traum erfüllen und meine Ideen in Form dieses Werks verwirklichen darf. Insbesondere danke ich meinen Redakteurinnen Nele Drescher und Nicola-Kim Raschdorf, die mich bei diesem Projekt begleitet und mich mit Tipps und Ratschlägen unterstützt haben. Herzlichen Dank außerdem an die Lektorin Bettina Snowdon für die schöne Zusammenarbeit und den netten Austausch.

Ich bedanke mich bei meiner Community, die meine Arbeit verfolgt, sich von meinen Rezepten und Bildern inspirieren lässt und mir täglich ihr positives Feedback schenkt.

Meine besondere Wertschätzung gehört meiner Familie – meinen Eltern für ihre beständige Unterstützung, meiner Schwiegermutter für das geduldige Babysitten und vor allem meinem Ehemann und meiner Tochter. Danke für eure Geduld, eure geschmackliche Teilnahme, eure Kritik und Anregungen. Mit eurer Hilfe konnte ich mich diesem Buch widmen.

Über die Autorin

Olga Laitenberger, Dr. phil., ist professionelle Rezeptentwicklerin, Food-Stylistin und -Fotografin mit großer Liebe zum Detail – jedes ihrer Bilder erzählt eine ganz besondere Geschichte. Sie arbeitet für die Produktfotografie und Werbung, für Kochmagazine und Kochbücher. Als Videografin erstellt sie für Unternehmen kurze Rezeptvideos. Dazu ist sie promovierte Sprachwissenschaftlerin und Verlagsredakteurin.
Auf ihrem Blog „VOLL-KORN" bietet sie köstliche Anregungen für jeden kulinarischen Anlass. Gesunde Ernährung liegt ihr am Herzen und so begann 2017 ihre Reise durch die Welt der glutenfreien Lebensmittel und schmackhaften Alternativen zu industriellem Zucker, Eiern und Milchprodukten. Ihren großen Wissensschatz über die unterschiedlichen Ernährungsstile baut sie dabei stetig aus, um ihre Leser:innen immer wieder neu zu inspirieren – ob vegane, Paleo- oder Low-Carb-Gerichte: Hauptsache, kreativ, gesund und lecker!

www.voll-korn.com

Für mehr Rezepte, Inspirationen und Einblicke aus dem Verlag folgen Sie auch unserem **Instagram-Kanal: @hoelkerverlag**

5 4 3 2 1   27 26 25 24 23
ISBN 978-3-88117-286-8

Texte, Rezepte und Food-Fotografie: Olga Laitenberger
Porträt-Fotografie: Yulia Mulino
Covergestaltung und Layout: Manuela Tippl
Satz: Helene Hillebrand
Lektorat: Bettina Snowdon
Redaktion: Nele Drescher und Nicola-Kim Raschdorf
Herstellung: Anja Bergmann
Litho: FSM Premedia GmbH & Co. KG, Münster

www.hoelker-verlag.de